Rüdiger Bertram

Willkommen im Hotel Zur Grünen Wiese

REZEPTION

Rüdiger Bertram

Willkommen im Hotel zur grünen Wiese

Das Insektenhotel mit Herz

Mit Illustrationen von
Christiane Fürtges

cbj

Inhalt

Kapitel 1

Nur das Übliche

»Der Käfer aus der 11 hat schon wieder seine Mistkugel aufs Zimmer geschmuggelt.« Alexa fuchtelte mit ihren vier Armen aufgeregt in der Luft herum. »Was soll ich tun?«

»Sag ihm, dass Mistkugeln in unserem Hotel streng verboten sind. Er soll sie unten auf der Wiese abstellen.« Adlon blätterte ruhig in dem dicken Buch, in dem er sich alle Reservierungen notierte.

»Habe ich schon!«, rief die Ameise.

»Und was hat er gesagt?«, fragte der Grashüpfer.

»Er hat Angst, dass ihm jemand seine Mistkugel klaut, wenn er sie draußen lässt.«

»Wer in aller Welt sollte eine Mistkugel stehlen?«

»Keine Ahnung.« Alexa zuckte mit den Schultern. »Außerdem hat sich Madame Spinoza beschwert, weil irgendwer ihr Netz aus dem Flur entfernt hat.«

»Das war ich«, entgegnete Adlon. »Ich habe ihr schon tausend Mal gesagt, dass Spinnennetze im Hotel *Zur Grünen Wiese* nicht erlaubt sind. Gestern Nacht hat sich eines unserer Glühwürmchen darin verfangen.«

»Die wollen übrigens mehr Lohn, soll ich ausrichten«, bemerkte Alexa. »Weil sie immer nur nachts arbeiten, verlangen die Glühwürmchen einen Zuschlag. Wenn sie den nicht kriegen, wollen sie streiken.«

»Aber die sind doch sowieso nachts wach.« Adlon schaute überrascht von seinem Buch auf, das erste Mal überhaupt.

»Gibt es mal wieder Ärger?« Margot kam aus der Küche und wischte sich ihre vier Hände an einer fleckigen Schürze ab, die sich die dicke Fliege um ihren Bauch gebunden hatte.

»Nur das Übliche«, antwortete Adlon, dann wandte er sich wieder an Alexa. »Sag dem Käfer, wenn seine Mistkugel nicht in einer Stunde verschwunden ist, kann er sich ein anderes Hotel suchen, Madame Spinoza richtest du bitte aus, dass ich später in Ruhe mit ihr reden werde, und den Glühwürmchen kannst du bestellen: Sie können ihre Forderung vergessen. Sonst noch was?«

»Ja, bei der Raupe in Zimmer 17 hängt schon seit drei Tagen ein *Bitte nicht stören*-Schild vor der Tür, und aus ihrem Zimmer kommen seltsame Geräusche«, sagte Alexa. »Außerdem riecht es hier irgendwie komisch!«

»Das wird die Mistkugel sein«, vermutete Adlon.

»Nein, das ist das Mittagessen!«, brüllte Margot und rannte schnell zurück in ihre Küche, um ihren Wildblumenauflauf aus dem Ofen zu holen.

Vor einem Jahr hatte Adlon das Hotel *Zur Grünen Wiese* übernommen, gemeinsam mit Margot, die sich als Köchin um die Speisen kümmerte, und Alexa, die später einmal selbst ein Hotel leiten wollte und bei Adlon in die Lehre ging.

Die dicke Fliege und die junge Ameise waren Adlons einzige Angestellte. Abgesehen von den Glühwürmchen, die abends in den Fluren dafür sorgten, dass sich in der Dunkelheit keiner der Gäste einen Flügel oder ein Bein brach. Das Hotel thronte oben auf einem Holzpfahl inmitten einer üppig blühenden Wiese. Die Riesen, denen der Garten gehörte, ließen die Gräser einfach wachsen, weil das für die Umwelt und die Insekten besser war. Deswegen hatten sie auch das Insektenhotel aufgestellt. Aber irgendwann hatten sie das Interesse daran verloren und Adlon hatte es übernommen. Doch davon hatten die Riesen in ihrem Haus keine fünfzig Meter entfernt keine Ahnung, weil das Hotel in einem abgelegenen Teil des Gartens lag.

Seit der Eröffnung war das Hotel *Zur Grünen Wiese* fast immer ausgebucht. Es gab sogar ein paar Dauergäste, wie Madame Spinoza. In ihrer Jugend war die Spinne eine berühmte Sängerin gewesen, die umjubelte Konzerte in der ganzen Welt gegeben hatte. Aber auf ihre alten Tage hatte sie sich in Adlons Hotel zur Ruhe gesetzt und begnügte sich damit, statt ihrer Konzertveranstalter Adlon und seine beiden Mitarbeiterinnen auf Trab zu halten.

Die meisten Gäste aber waren Insekten auf der Durchreise, die nur ein oder zwei Nächte blieben.

»Was ist denn jetzt mit der Raupe? Soll ich mal anklopfen?«, erkundigte

sich Alexa, die immer noch ungeduldig auf weitere Anweisungen wartete.

»Lass sie einfach in Ruhe, das erledigt sich von selbst«, antwortete Adlon. »Wir haben Wichtigeres zu tun, heute kommt die Prinzessin.«

»Heute schon?« Alexa ruderte aufgeregt mit ihren Armen in der Luft herum.

»Am Nachmittag«, erwiderte Adlon. »Dann muss hier alles glänzen. Sie und ihr Gefolge haben die komplette zweite Etage gemietet. Also mach dich an die Arbeit.«

»Bin bereits unterwegs, ich kümmere mich sofort darum, ist quasi schon erledigt.« Alexa huschte davon und nahm auf ihrem Weg in den zweiten Stock wie immer zwei Stufen auf einmal.

Adlon sah der Ameise lächelnd nach. Früher war er genauso übereifrig gewesen. Aber auch Alexa würde mit dem Alter und mit etwas mehr Erfahrung ruhiger werden, da war sich der Grashüpfer sehr sicher.

»Puhh, das war knapp!« Margot kam aus der Küche zurück. »Ich konnte meinen Auflauf gerade noch retten.«

»Wäre jammerschade drum gewesen«, bemerkte Adlon. »Gibt es auch was zum Nachtisch?«

»Klar.«

»Und was?«

»Was Leckeres.«

»Hättest du auch die Freundlichkeit, mir zu sagen, was genau?«, ließ Adlon nicht locker.

»Honigkuchen für die Prinzessin.«

»Bekomm ich auch ein Stück?«, fragte Adlon.

»Vielleicht«, brummte Margot. »Falls was übrig bleibt.«

Adlon musste erneut lächeln. So freundlich und vergnügt Alexa immer war, so grummelig und schlecht gelaunt war Margot. Aber das war nicht schlimm, weil sie dennoch eine herzensgute Fliege und außerdem eine großartige Köchin war.

»Ich kümmere mich dann mal um Madame Spinoza.«

»Bestell ihr, wenn sie sich weiter so aufführt, koche ich nie wieder für sie«, knurrte Margot. »Erst gestern hat sie der dicken Hummel im Nachbarzimmer mit einem Netz den Nachtisch vom Teller gefischt. Durch das offene Fenster!«

»Die Hummel futtert doch sowieso den ganzen Tag«, bemerkte Adlon. »Da ist es ja vielleicht gar nicht schlecht, wenn sie mal eine Mahlzeit auslässt.«

»Die Gute weiß meine Küche eben zu schätzen«, erwiderte Margot. »Schmeiß die alte Spinne endlich raus. Wann hat sie das letzte Mal ihre Rechnungen bezahlt?«

Adlon seufzte. Madame Spinoza gehörte wirklich nicht zu den einfachen Gästen. Ständig hatte sie irgendwelche Sonderwünsche und ihre Rechnungen hatte sie tatsächlich schon ewig nicht bezahlt. Aber irgendwie mochte er die alte Diva, die schon so viel von der Welt gesehen hatte. Adlon hatte seine Wiese noch nie verlassen, und manchmal glaubte er, dass genau das der Grund war, warum er das Hotel eröffnet hatte. Wenn er schon nicht in die Welt hinauskam, sollte die Welt wenigstens zu ihm kommen.

»Ich geh hoch und spreche mit ihr«, sagte Adlon. »Mal schauen, vielleicht ...«

»Entschuldigen Sie bitte die Störung!« Der Grashüpfer wurde von einem Marienkäfer und einer Feuerwanze unterbrochen, die mit ihren Koffern in den Händen verlegen im Eingang standen. »Ist bei Ihnen eventuell noch ein Zimmer für eine Nacht frei?«

Kapitel 2

Tee bei Madame Spinoza

»Mein Name ist Karl und meine Frau heißt Wanda. Das ist unsere Hochzeitsreise«, sagte der Marienkäfer, und die Feuerwanze ergänzte: »Aber weil alles so schnell gehen musste, haben wir vergessen, Zimmer zu reservieren.«

»Puhh! Eigentlich sind wir komplett ausgebucht.« Adlon seufzte und blätterte durch sein Buch.

»Oh nein! Sie waren unsere letzte Hoffnung«, sagte der Marienkäfer, und die Feuerwanze wischte sich eine Träne von der Wange.

Adlon schluckte und klappte das Buch zu.

»Aber ich glaube, Zimmer 7 könnten wir kurzfristig für euch herrichten.«

»Wirklich?!«, freute sich der Marienkäfer, und die Feuerwanze rief: »Das wäre ja wunderbar.«

»Aber die 7 ist doch dein eigenes Zimmer, Adlon«, zischte Margot von hinten.

»Na und?! Die beiden brauchen es dringender als ich, und außerdem werde ich heute Nacht sowie nicht zum Schlafen kommen, wenn die Prinzessin und ihr Gefolge da sind«, flüsterte Adlon.

Dann reichte er dem glücklichen Paar den Schlüssel und machte sich auf den Weg zu Madame Spinoza.

Auf dem Flur kam ihm der Gast von Zimmer 11 entgegen. Adlon musste sich in einen Türrahmen quetschen, damit der Käfer mit seiner Mistkugel an ihm vorbeipasste.

»Wenn die da draußen geklaut wird, verklage ich Sie«, schimpfte der Mistkäfer.

»Meinetwegen, Hauptsache, das Ding verschwindet aus meinem Hotel.« Adlon hielt sich die Nase zu, weil die Kugel schlimmer roch als ein Haufen Stinkwanzen. »Und mal ehrlich, wer sollte so etwas stehlen?«

Der Käfer starrte Adlon beleidigt an, dann rollte er seine Kugel weiter den Flur entlang in Richtung Ausgang.

Als Adlon bei Madame Spinozas Zimmer ankam, suchte er den Gang nach neuen Netzen ab. Aber zum Glück war alles sauber. Aus dem Zimmer am Ende des Gangs war das Schmatzen der dicken Hummel zu hören, und vor der 17 baumelte immer noch das *Bitte nicht stören*-Schild, das die Raupe dort aufgehängt hatte. Adlon legte sein Ohr an die Tür. Doch von den merkwürdigen Geräuschen, von denen Alexa erzählt hatte, war nichts zu hören. Dazu schmatzte die Hummel nebenan viel zu laut.

»Man lauscht nicht an fremden Türen!«

Ertappt drehte sich Adlon um. Vor ihm flatterte Ignis, die Wortführerin der Glühwürmchen.

»Erstens ist das keine fremde Tür, weil sie zu meinem Hotel gehört, und zweitens könnt ihr das mit dem Nachtzuschlag vergessen«, sagte Adlon, nachdem er sich von seinem Schreck erholt hatte. »Ihr schlaft doch sowieso den ganzen Tag und seid nur abends unterwegs.«

»Aber das ist ja nicht unsere Schuld«, erwiderte Ignis empört. »Entweder Zuschlag oder im Hotel wird es nachts zappenduster. Überleg es dir, Adlon!«

Adlon dachte einen Moment nach, dann fragte er: »Wie viel mehr wollt ihr?«

»Zehn Prozent!«

»Zwei!«

»Acht!«

»Drei!«

»Sechs!«

»Vier!« Adlon streckte Ignis zwei Hände entgegen. Das Glühwürmchen schlug doppelt ein und grinste.

»Immer wieder ein Vergnügen, mit dir Geschäfte zu machen«, sagte Ignis zufrieden. »Eigentlich wollten ich und meine Mädels nämlich nur zwei Prozent mehr. Aber dafür erfährt auch niemand, dass du heimlich an deinen Hoteltüren horchst.«

Ignis flog gut gelaunt davon, während Adlon einmal tief durchatmete, bevor er an Madame Spinozas Tür klopfte.

»Herein!«, ertönte eine helle Stimme.

Adlon öffnete die Tür mit geschlossenen Augen. Das tat er bei Madame Spinoza immer. Nicht, weil er Angst hatte, dass er die alte Spinne beim Umkleiden überraschte, sondern, weil es in ihrem Zimmer so herrlich nach Parfum duftete. Es waren Gerüche, die Adlon von der Wiese nicht kannte und die Geschichten von fernen Ländern erzählten. Adlon sog die Luft noch einmal tief ein, dann erst öffnete er seine Augen.

Madame Spinoza saß in einem Sessel am Fenster und sah aus wie eine Königin, die Adlon großzügig eine Audienz gewährte.

An den Wänden hingen überall Fotos der Spinne. In den meisten davon stand sie auf einer großen Wiesenbühne und wurde von Konzertbesuchern bejubelt. Es gab auch Bilder von ihr, auf denen sie neben berühmten Sportlern, Politikerinnen und Schauspielern posierte. Und auf den meisten sah es so aus, als ob nicht sie, sondern die anderen Promis um das Foto gebeten hatten.

»Möchtest du eine Tasse Tee, Liebelein?«, begrüßte Madame Spinoza den Grashüpfer.

»Gerne«, erwiderte Adlon.

»Fein, dann mach mir doch bitte auch eine.« Die Spinne zeigte auf einen Wasserkocher, der auf einer Anrichte neben zwei Tassen und einer Kiste mit Teebeuteln stand.

Adlon musste grinsen, weil das so typisch für Madame Spinoza war. Obwohl ihre großen Zeiten schon lange vorbei waren, benahm sie sich, als wäre sie immer noch ein großer Star.

»Das mit den Netzen im Flur muss aufhören«, sagte Adlon, während er den Tee zubereitete. »Gestern hat sich eines der Glühwürmchen darin verfangen.«

»Selbst schuld«, brummte die Spinne. »Es hat die ganze Nacht vor meinem Zimmer herumgeflackert, statt anständig zu leuchten. Ich habe kein Auge zugemacht.«

»Und du darfst der Hummel nebenan nicht mehr ihr Essen klauen.«

»Das war nur zu ihrem Besten, wenn sie so weiterfrisst, bleibt sie irgendwann im Türrahmen stecken.«

»Und es wäre nett, wenn du bald mal wieder ein paar Rechnungen bezahlen könntest.«

»Morgen kriegst du dein Geld, Adlon, sei unbesorgt«, versprach Madame Spinoza.

Der Grashüpfer musste erneut grinsen, denn das sagte die Spinne immer. Morgen würde sie wieder »Morgen« sagen, und übermorgen auch, und so würde es immer weitergehen. Adlon dachte trotzdem nicht daran, die Spinne aus ihrem Zimmer zu werfen. Madame Spinoza bezahlte in einer Währung, die Margot niemals verstehen würde. Sie bezahlte in Geschichten aus ihrem aufregenden Leben.

»Habe ich dir eigentlich schon mal erzählt, wie ich damals vor der Präsidentin des Stadtparks gesungen habe?«, fragte Madame Spinoza, als Adlon ihr eine der beiden Teetassen reichte.

»Nein, aber ich kann gar nicht erwarten, die Geschichte zu hören«, erwiderte der Grashüpfer und setzte sich mit seiner Tasse auf den Stuhl direkt gegenüber der alten Diva.

Madame Spinoza nippte an ihrem Tee und begann: »Ich war damals noch ein ganz junges Ding. Nicht, dass ich heute alt wäre, aber damals war ich halt doch noch ein klein bisschen jünger und ...«

Kapitel 3

Kampf bis aufs Messer

»… am Ende haben alle applaudiert, ach was, sie haben begeistert gejubelt, Bravo gerufen und Blumen auf die Bühne geworfen. Es waren so viele, dass ich fast darunter erstickt wäre. Und dann kam die Präsidentin persönlich, um …«

Madame Spinoza wurde unterbrochen, weil jemand von außen laut gegen die Tür klopfte. Im nächsten Moment war auch schon Alexas Stimme zu hören: »Adlon! Schnell! Es ist wichtig!«

Sofort sprang Adlon auf und lief zur Tür.

»Erzählen Sie mir das Ende bitte ein anderes Mal, ich glaube, ich werde gebraucht«, rief Adlon. »Einen schönen Tag noch.«

Madame Spinoza machte ein beleidigtes Gesicht und trank ihren Tee aus, ohne Adlons Abschiedsgruß zu erwidern.

»Was ist denn los?«, fragte der Grashüpfer, als er draußen auf dem Flur stand.

»Da ist … also der will … und Margot will nicht.« Alexa war so aufgeregt, dass sie keinen vernünftigen Satz herausbrachte.

»Ganz ruhig, Alexa«, versuchte Adlon die Ameise zu beruhigen. »Was genau ist passiert?«

»Da ist so ein Sicherheitsbeamter der Bienenprinzessin gekommen. Der wollte die Zimmer und das Hotel überprüfen, ob alles sicher ist.« Alexa fuchtelte mit ihren Armen in der Luft herum.

»Deswegen heißt er ja auch Sicherheitsbeamter, das ist sein Job«, bemerkte Adlon. »Aber ich verstehe immer noch nicht, wo das Problem ist.«

»Er wollte auch in die Küche.«

»Oje, dann schnell, bevor es eine Katastrophe gibt!«

Adlon wusste, dass Margot kein anderes Insekt in ihrer Küche duldete. Selbst der Grashüpfer konnte sich nicht erinnern, wann er die Küche das letzte Mal betreten hatte.

Adlon rannte mit Alexa an dem Zimmer der Raupe vorbei, an dem immer noch das *Bitte nicht stören*-Schild hing, die Treppen runter, und da sah er Margot auch schon.

Die Köchin stand in der Küchentür und hielt ein Messer in jeder ihrer vier Hände. Vor ihr summte eine Biene in der Luft. Es war aber kein sanftes Summen, das die Eingangshalle des Hotels erfüllte, sondern eines, das höchst bedrohlich und gefährlich klang.

»Keiner kommt in meine Küche!«, brüllte Margot wütend. »Das ist mein Königreich, da bin ich die Fliegenprinzessin und sonst niemand.«

Die Biene wich ein Stück zurück, weil Margot mit ihren Messern einen Schritt nach vorne gemacht hatte. Sie sah eingeschüchtert aus, obwohl sie viel größer und kräftiger war als die Fliege. Adlon konnte das verstehen. Wenn Margot wütend war, wagte sich nicht mal ein Hirschhornkäfer in ihre Nähe. Obwohl Hirschhornkäfer nun wirklich die größten Insekten waren, die Adlon kannte.

»Die Arme«, murmelte der Grashüpfer.

»Margot?«, fragte Alexa.

»Nein, die Biene«, erwiderte Adlon. »Geht das schon lange so?«

»Eine ganze Weile, deswegen habe ich Sie ja geholt. Die Biene hat auch schon Verstärkung angefordert, die müsste jeden Moment da sein.«

Adlon atmete einmal tief durch, dann machte er zwei Hüpfer Richtung Küche und erkundigte sich so freundlich wie möglich: »Gibt es hier ein Problem, bei dem ich irgendwie behilflich sein kann?«

»Und ob es ein Problem gibt!«, rief Margot. »Die blöde Biene will in meine Küche!«

»Es ist meine Pflicht, alle wichtigen Räume des Hotels zu kontrollieren, bevor die Prinzessin eintrifft«, erwiderte die Biene. »Aber diese Küchenhilfe ...«

»Ich bin keine Küchenhilfe! Ich bin hier die Köchin, du gelb-schwarz gestreifte Kakerlake!«, schrie Margot dazwischen.

»… will mich einfach nicht in die Küche lassen.«

»Da kommt keiner rein, das ist mein Reich! Da liegen doch überall meine geheimen Zutaten und Rezepte rum«, erklärte Margot.

»Aber ist denn die Küche wirklich so ein wichtiger Raum?«, fragte Adlon. »Können Sie den nicht einfach auslassen?«

»Natürlich ist das ein wichtiger Raum«, rief Margot. »Der wichtigste überhaupt.«

Adlon schaute die Biene an und die Biene schaute Adlon an. Der Grashüpfer sah ihr an, dass ihr die ganze Angelegenheit höchst unangenehm war. Einfach nachgeben konnte sie aber auch nicht, schließlich war es ihr Job, für die Sicherheit der Prinzessin zu sorgen. Und hatte Margot nicht eben selbst betont, was für ein wichtiger Raum die Küche war?

»Und wenn …«, begann Adlon vorsichtig, weil ihm gerade eine Idee gekommen war.

»Was ›wenn‹?«, wollte die Biene wissen.

»… wir Ihnen die Augen verbinden, während wir Sie durch die Küche führen?«, schlug Adlon vor.

»Aber dann sehe ich doch gar nichts mehr, Sir.«

»Eben«, erwiderte Adlon. »So sind Margots geheime Zutaten und Rezepte sicher, und Sie können trotzdem behaupten, Sie wären in allen Räumen des Hotels gewesen.«

Die Biene dachte einen Moment nach, dann sagte sie: »Ich denke, das wäre eine Lösung.«

»Was meinst du, Margot?«, fragte Adlon.

»Wenn sie wirklich nichts sieht, meinetwegen.« Die Fliege legte die Messer weg und zog ihre schmutzige Schürze aus, um sie der Biene um die Augen zu binden.

»Augenblick!«, rief Adlon, der den entsetzten Blick der Biene bemerkt hatte. »Ich hole schnell eine saubere Stoffserviette aus dem Speiseraum.«

»Was stimmt denn mit meiner Schürze nicht?«, fragte Margot beleidigt.

»Gar nichts, überhaupt nichts«, beschwichtigte Adlon. »Ich dachte, dir wäre es vielleicht unangenehm, wenn eine fremde Biene sie tragen würde.«

»Stimmt auch wieder«, brummte Margot. »Aber beeil dich, ich habe noch eine Menge zu tun.«

Adlon besorgte eine saubere Serviette und band sie der Biene um den Kopf, dann nahm Margot sie an der Hand und leitete sie durch ihre Küche. Immer wieder ertönten von dort laute »Aua!«-Rufe. Adlon vermutete, dass Margot die Biene absichtlich so führte, dass sie ständig irgendwo anstieß.

Kurz danach waren die beiden auch schon wieder zurück, und die Biene verkündete erleichtert: »Auftrag ausgeführt, Sir. Alle wichtigen Räume des Hotels sind von mir kontrolliert worden und es ist alles in bester Ordnung. Einem Besuch unserer Prinzessin im Hotel *Zur Grünen Wiese* steht nichts mehr im Wege.«

»Dann kann ich ja endlich weiterkochen«, brummte Margot und verschwand in ihrer Küche.

»Das haben Sie ganz großartig gemacht, Chef«, flüsterte Alexa beeindruckt.

»Danke«, erwiderte Adlon geschmeichelt. »Aber das war ja ...«

Weiter kam er nicht, weil vor dem Hotel plötzlich ein lautes Summen ertönte.

Kapitel 4

Die Ankunft der Prinzessin

Im nächsten Moment war die ganze Empfangshalle auch schon voller Bienen. Und es kamen immer noch mehr. Adlon rechnete im Kopf kurz nach, ob die Zimmer reichen würden, die er für den Besuch der Bienenprinzessin reserviert hatte. Aber da Bienen gewohnt waren, zu vielen auf engem Raum zu leben, würde das schon irgendwie klappen. Ein Einzelzimmer hatte sowieso nur die Prinzessin, aber die hatte Adlon in dem Gewimmel noch gar nicht entdecken können.

Nach und nach versammelten sich auch die anderen Hotelgäste in der Halle, weil sie die Ankunft der Bienenprinzessin auf keinen Fall verpassen wollten. Sogar die dicke Hummel hatte sich aus lauter Neugier durch die Tür ihres Zimmers gequetscht und auch der Mistkäfer war gekommen. Er hatte ein riesiges Paket dabei, und so, wie es roch, hatte er darin seine Kugel versteckt, um sie ungesehen zurück in sein Zimmer

schmuggeln zu können. Es fehlten nur die Raupe, das verliebte Pärchen und Madame Spinoza. Aber das wunderte Adlon überhaupt nicht: Die Raupe hatte sich seit Tagen nicht sehen lassen, das Käferpärchen hatte sicher Besseres zu tun, und die Spinne war viel zu stolz, um sich in der Halle blicken zu lassen.

»Da ist sie! Da ist sie!«, brüllte Alexa und zeigte mit vier Händen auf eine ältere Biene, die genauso aussah wie alle anderen Bienen. Nur die ehrfürchtige und respektvolle Art, mit der sie von ihren Begleitern behandelt wurde, verriet, dass sie etwas Besonderes war.

»Man zeigt nicht mit den Fingern auf eine Prinzessin.« Adlon gab Alexa einen Klaps auf die Hände. »Und bei allen anderen macht man das auch nicht.«

Gemeinsam liefen sie zu der Prinzessin, und als die beiden sie erreicht hatten, verbeugte sich Adlon so tief, dass seine Fühler fast den Boden berührten. Alexa, die jede seiner Bewegungen genau beobachtete, machte es ihm nach. Aber leider sah es bei der jungen Ameise nur halb so elegant aus wie bei dem Grashüpfer. Alexa verlor das Gleichgewicht und legte sich direkt vor der Prinzessin auf die Nase.

»Sehr verehrte Hoheit, ich bin stolz und überglücklich, Sie in meinem Hotel *Zur Grünen Wiese* empfangen zu dürfen«, begrüßte Adlon die Prinzessin, nachdem er Alexa wieder auf die Beine geholfen hatte.

Die alte Biene sah ihn überrascht an, dann sagte sie lachend: »Aber ich bin doch nicht die Prinzessin!«

»Ich dachte, weil doch alle ...« Adlon wurde knallrot und zeigte auf die anderen Bienen, die sich ebenfalls vor ihr verbeugt hatten.

»Das haben sie nur getan, weil ich die Oberste Dienerin der Prinzessin bin«, erklärte die Biene immer noch lachend. »Die Prinzessin kommt hier ...«

Die Bienen in der Halle gaben eine Gasse frei, durch die eine Biene mit ihrer Leibgarde direkt auf Adlon und Alexa zugeschwebt kam. Adlon verbeugte sich ein zweites Mal, und erst als er sich wieder aufrichtete, hatte er Zeit, die Prinzessin genauer zu betrachten. Sie besaß lustige Grübchen rechts und links am Mund, und in ihren Augen war ein freches Flackern, das so gar nicht zur Würde ihres Amtes zu passen schien. Die Prinzessin war die schönste Biene, die Adlon jemals gesehen hatte, und er war augenblicklich überzeugt davon, dass ihre Streifen gelber waren als bei allen anderen Bienen ihres Schwarms.

»Ich hoffe, Eurer Torheit, äh Hoheit, gebellt es, äh, gefällt es, in meinem Motel, äh, Hotel, *Zur Grünen Liese,* äh, *Wiese*«, stotterte Adlon, den der Anblick der hübschen Prinzessin völlig durcheinandergebracht hatte.

Alexa kicherte und hielt sich ihre vier Hände vor den Mund, um nicht laut loszuprusten.

»Danke, ich finde es wunderschön hier. Da ist es schon fast schade, dass wir nur eine Nacht bleiben«, erwiderte die Prinzessin. »Wir sind unterwegs zu einem Staatsbesuch bei meiner Cousine auf der anderen Seite des Flusses.«

Adlon wurde knallrot, weil die Prinzessin sein Hotel gelobt hatte.

»Danke, ich und mein Team stehen Ihnen jederzeit zur Vergnügung, äh, Verfügung, und wir werden alle Ihre Wünsche vermüllen, äh, verhüllen, äh, erfüllen.«

»Einen Wunsch hätte ich tatsächlich. Bestünde vielleicht die Möglichkeit, dass ich ein klitzekleines Stückchen Honigkuchen bekommen könnte?«, fragte die Prinzessin höflich. »Ich liebe Honigkuchen.«

»Aber natürlich, klar, er ist sogar schon im Pferd, äh, Herd!«, stammelte Adlon.

»Oh, wie schön«, freute sich die Prinzessin. »Und jetzt werde ich mich zurückziehen und ein wenig ausruhen, es war ein langer Flug.«

»Alexa wird Euch den Steg, äh, Weg zeigen«, stotterte Adlon weiter.

»Nicht nötig, den finden wir schon allein«, sagte die Prinzessin und lächelte Adlon an, sodass ihre Grübchen besonders gut zur Geltung kamen. »Ich bin sicher, meine Leibgarde hat sich hier schon umgeschaut.«

»Oh ja, das hat sie«, rief Alexa. »Bis auf die Küche, weil Margot ...«

In letzter Sekunde konnte Adlon der Ameise eine Hand auf den Mund pressen, sonst hätte sie alles verraten. Kurz darauf war die Prinzessin mit ihrem Gefolge auch schon wieder aus der Empfangshalle verschwunden. Eine Weile war noch das Summen auf den Treppen und Fluren zu hören, dann verstummte auch das.

»Sie sind ja komplett verknallt, Chef!«, rief Alexa und lachte.

»Was bin ich?«, fragte Adlon abgelenkt. Er schaute immer noch der Prinzessin hinterher, die längst in ihrem Zimmer verschwunden war.

»Verliebt, verknallt, total verschossen in die Prinzessin«, antwortete die Ameise. »Sie hätten sich mal sehen sollen, Chef. Sie sind knallrot geworden und haben nur Unsinn geredet.«

»So ein Matsch, äh, Quatsch«, sagte Adlon.

»Doch, die kleine Ameise hat recht. Ich habe es auch gesehen«, mischte sich die dicke Hummel ein. »Wann gibt es eigentlich Essen? Ich liebe Honigkuchen nämlich auch!«

Nur der Mistkäfer sagte nichts. Der hatte die Aufregung genutzt, um das Paket unbemerkt in sein Zimmer zu tragen.

Kapitel 5

Ein neuer Gast

Adlon saß hinter seinem Empfangstresen und starrte verträumt auf die Stelle, an der die Bienenprinzessin gestanden hatte. Er glaubte, noch immer das Summen hören zu können, das vorhin den ganzen Raum erfüllt hatte.

»Aus dem Zimmer des Käfers kommt schon wieder so ein komischer Geruch, Chef.« Alexa stand neben Adlon und wartete auf Anweisungen.

»Egal«, murmelte der Grashüpfer und seufzte tief.

»Der hat bestimmt heimlich seine Kugel nach oben geschmuggelt«, sagte die Ameise.

»Egal.«

»Und Madame Spinoza hat wieder eines ihrer Netze im Flur aufgehängt.«

»Egal.«

Margot kam aus der Küche und mit ihr der Duft des frisch gebackenen Honigkuchens, den Alexa der Prinzessin bereits auf ihr Zimmer gebracht hatte.

»Was ist denn mit dem los?«, erkundigte sich die Köchin, als sie den träumenden Grashüpfer sah. »Er ist doch nicht etwa krank?«

»Nein, der Chef ist verliebt«, antwortete Alexa und kicherte.

»In wen? Madame Spinoza?«, erkundigte sich Margot besorgt.

»Doch nicht in die alte Spinne«, erwiderte die Ameise.

»Etwa in mich?«, fragte Margot erschrocken. »Das kann er sich gleich aus dem Kopf schlagen, ich bin glücklich mit meinen Pfannen und Töpfen verheiratet. Die geben mir wenigstens keine Widerworte.«

»Es ist die Bienenprinzessin, in die er sich verknallt hat«, rief Alexa.

»So ein Blödsinn, ich bin nicht verliebt«, widersprach Adlon ärgerlich.

»Doch, ist er«, beharrte Alexa. »Du hättest ihn sehen sollen. Kein vernünftiges Wort hat er rausgebracht.«

»Vergiss es, Adlon!«, sagte Margot. »Sie ist eine Prinzessin und du bist nur ein Hotelmanager. Zugegeben, der Manager eines sehr schönen Hotels mit einer großartigen Köchin. Aber am Ende ist es eben doch nur ein Hotel und kein Schloss. Eine Prinzessin ist für dich so unerreichbar wie ...« Margot überlegte, aber es dauerte, bis ihr ein passender Vergleich einfiel. »... wie die andere Seite des Flusses. Vergiss nicht: Du hast deine Wiese doch noch nie verlassen.«

»Das kann man ändern«, murmelte Adlon.

»Hör auf zu träumen«, rief Margot. »Sei zufrieden mit dem, was du hast: ein tolles Hotel mit einer fantastischen Küche.«

»Ob das hier wirklich so ein tolles Hotel mit einer fantastischen Küche ist, wird sich erst noch herausstellen.«

Adlon, Alexa und Margot drehten sich überrascht um. In der Tür stand eine spindeldürre Kakerlake und wischte sich mit einem Taschentuch den Schweiß von der Stirn.

»Einen Aufzug hat es jedenfalls nicht.« Die Schabe stellte ihre Koffer ab und sagte: »Mein Name ist Michel, und ich habe hier ein Zimmer reserviert.«

»Nun ja, die meisten unserer Gäste können fliegen«, entschuldigte sich Adlon und blätterte in seinem dicken Buch. »Da dachte ich, wir können auf einen Aufzug verzichten.«

»Ja, aber es können eben nicht alle fliegen.« Die Schabe zog einen Stift und ein Heft aus ihrer Tasche, schüttelte missbilligend den Kopf und machte sich eine Notiz.

»Ah, hier habe ich Sie!«, rief Adlon und tippte auf einen Eintrag in seinem Buch. »Sie haben das Zimmer 14, das liegt direkt neben der 12.«

»Gibt es denn keine 13?«, erkundigte sich die Schabe.

»Die meisten Gäste sind abergläubisch«, rief Alexa dazwischen. »Da hat der Chef beim Durchzählen die 13 einfach übersprungen.«

»Aber dann ist doch die 14 die 13?«, fragte die Schabe verwirrt. »Egal, ich habe Hunger. Wäre es möglich, noch etwas zu essen zu bekommen?«

»Ich glaube, es ist noch etwas Honigkuchen da«, sagte Adlon.

»Nein, der ist alle. Das, was noch übrig war, hat die Hummel aufgegessen«, brummte Margot.

»Ich hätte sowieso lieber einen Salat, wenn es keine Umstände macht«, bemerkte die Schabe.

»Macht es, aber Sie kriegen trotzdem einen«, versprach die dicke Fliege. »Alexa bringt Ihnen den Salat gleich aufs Zimmer.«

»Ich hoffe, er ist auch gut«, sagte die Schabe und schrieb wieder etwas in ihr Heft. Dann schnappte sie sich ihren Koffer, nahm Adlon den Schlüssel aus der Hand und machte sich auf den Weg zu ihrem Zimmer.

»*Ich hoffe, er ist auch gut*«, ahmte Margot die Schabe nach. »Natürlich ist er gut! Schließlich ist er von mir! So ein eingebildeter Schnösel, also wirklich.«

»Der Prinzessin hat dein Kuchen geschmeckt«, sagte Adlon.

»Hat sie das selbst gesagt?«, erkundigte sich Margot geschmeichelt.

»Nein, ich habe seit ihrer Ankunft nicht mehr mit ihr gesprochen.« Adlon seufzte wieder. »Aber ihre Oberste Dienerin hat es ausrichten lassen. Ich soll dir sagen, es wäre der beste Honigkuchen gewesen, den die Prinzessin jemals gegessen hätte.«

»Natürlich ist mein Honigkuchen der beste, den sie jemals gegessen hat!« Margot drehte sich um und ging in ihre Küche, um einen Salat für die Schabe vorzubereiten.

Adlon starrte wieder auf die Stelle in der Halle, wo ihn die Prinzessin angelächelt hatte.

»Soll ich nicht doch noch mal nach der Raupe gucken«, erkundigte sich Alexa. »Ich mache mir echt Sorgen. Wissen Sie noch, wie schüchtern sie war, als sie hier angekommen ist? Sie hielt sich für schrecklich hässlich. Okay, eine Schönheit war sie ja nun wirklich nicht, aber ich habe echt Angst, dass sie sich was angetan hat. Wegen der komischen Geräusche und weil sie seit ihrer Ankunft ihr Zimmer nicht ein einziges Mal verlassen hat.«

»Meinetwegen«, murmelte Adlon abwesend.

»Ich könnte dann auch gleich das neue Netz von Madame Spinoza entfernen«, schlug die Ameise vor. »Wenn ich schon mal da oben bin.«

»Mach das«, erwiderte der Grashüpfer.

»Und ich gucke auch mal bei dem Mistkäfer vorbei«, sagte Alexa. »Ich wette, der hat seine Kugel im Schrank oder unter dem Bett versteckt.«

»Gute Idee«, lobte Adlon, obwohl er Alexa überhaupt nicht zugehört hatte.

Der Grashüpfer träumte von weiten Reisen, viel weiter als nur auf die andere Seite des Flusses. Gemeinsam mit einer jungen Prinzessin, deren Streifen gelber strahlten als bei jeder anderen Biene.

Kapitel 6

Alle neune

»Ich mach mir echt Sorgen.« Alexa stand an der Küchentür.

»Um die Raupe?«, fragte Margot, die gerade einen Blumenwiesensalat für die Kakerlake zubereitete.

»Die auch, aber ich mein den Chef«, erklärte die Ameise. »Der ist völlig durch den Wind.«

»Das ist man immer, wenn man verliebt ist«, brummte Margot. »Deswegen vermeide ich das, wenn möglich.«

»Ich war noch nie verliebt«, sagte Alexa.

»Besser so, glaub mir.« Margot drückte der Ameise den Salat in die Hand. »Der ist für die Schabe in der 13.«

»Du meinst Zimmer 14?«

»Sag ich doch«, erwiderte Margot. »Und jetzt beeil dich, sonst wird der Salat kalt. Und versuch mal unauffällig rauszukriegen, was die Schabe da ständig in ihr Büchlein schreibt. Die ist mir nicht geheuer.«

Alexa lief los, stoppte aber nach ein paar Metern und drehte sich noch einmal um.

»Aber Salat kann doch gar nicht kalt werden?!«

»Schnellmerkerin«, brummte Margot. »Ich wollte dich nur loswerden, damit ich hier wieder meine Ruhe habe.«

Alexa grinste, als sie mit dem Salat die Treppe hinauflief. Sie nahm der Köchin ihre Bemerkung nicht übel. Alexa wusste, dass Margot nicht so grummelig war, wie sie immer tat. Seit dem Beginn ihrer Ausbildung im Hotel hatte sich Margot rührend um die junge Ameise gekümmert. Tief in ihrem Inneren war die Köchin eine herzensgute Fliege.

Alexa wischte im Vorbeigehen ein Netz weg, das Madame Spinoza auf dem Flur gesponnen hatte, horchte kurz bei der Raupe und klopfte dann bei Zimmer 14.

»Kommen Sie rein, und stellen Sie den Teller einfach auf dem Tisch ab, ich bin gerade im Bad«, rief die Schabe.

Alexa öffnete vorsichtig die Tür und sah sich neugierig um. Das Zimmer war leer, aber aus dem Bad war das Rauschen der Dusche zu hören. Alexa ging zu dem kleinen Tisch, der vor dem Fenster stand, und da lag es ... das kleine Heft, in dem sich die Schabe Notizen gemacht hatte. Alexa beugte sich über die Seiten, aber weil die Schrift so kakerlakelig war, konnte sie außer dem Namen des Hotels und ein paar Zahlen kein einziges Wort entziffern.

»Da steht eine Eins, der Rest sind alles Fünfen und Sechsen«, flüsterte Alexa. Sie wusste nicht, was die Zahlen in dem Heft zu bedeuten hatten, aber irgendwie erschienen sie ihr verdächtig.

In dem Moment stoppte das Rauschen im Bad, und die Ameise verließ schnell das Zimmer, bevor die Schabe sie beim Schnüffeln erwischte.

Mit dem leeren Tablett lief sie zurück Richtung Küche, um Margot von ihrer Entdeckung zu erzählen, als sie plötzlich Schreie hörte.

»Hilfe! Hilfe!«, brüllte eine tiefe Stimme.

Hinter der nächsten Ecke sah sie auch schon, woher die Hilferufe kamen. Das Zimmer der Hummel lag am Ende des Flurs, aber statt der geschlossenen Tür sah Alexa dort nur einen dicken Hintern und ein paar dünne Beinchen, die hilflos in der Luft strampelten.

»Was ist denn mit Ihnen passiert?«, fragte Alexa.

»Ich hatte mir in der Küche noch eine Kleinigkeit zu essen geholt, aber als ich zurückwollte, bin ich in der Tür stecken geblieben«, jammerte die Hummel in ihrem Zimmer. »Rette mich, Alexa! Bitte rette mich und hole schnell Hilfe.«

Das war gar nicht nötig, weil das laute Geschrei schon andere Gäste des Hotels aus ihren Zimmern gelockt hatte. Sogar Madame Spinoza trat neugierig auf den Flur und auch ein paar Bienen aus der Etage darüber schauten kurz vorbei. Aber als sie erkannten, dass für ihre Prinzessin keine Gefahr bestand, flogen sie wieder zurück.

»Ich habe ja gewusst, dass das irgendwann passieren würde«, verkündete die Spinne. »Aber wenn sie eine Woche strenge Diät hält, kommt sie da bestimmt auch allein wieder raus. In der Zwischenzeit könnte ich ein hübsches Netz zwischen ihren Füßen spinnen.«

»Unterstehen Sie sich!«, brüllte die Hummel.

»Das Essen scheint hier ja wirklich ganz außerordentlich zu sein«, bemerkte die Kakerlake, die im Bademantel auf dem Flur stand und sich wieder eine Notiz in ihr Heft machte.

»Vielleicht, wenn eine der Bienen sie ganz sanft in den Hintern stechen würde«, schlug der Mistkäfer vor. »Das könnte sie vielleicht auch befreien.«

»NEIN!«, schrie die Hummel ängstlich.

»Hier wird niemand gestochen und meine Gäste schon gar nicht.« Adlon kam die Treppe heraufgelaufen. »Los, alle mithelfen! Wir ziehen sie zusammen da raus. Und wenn das nicht klappt, schieben wir sie eben einfach in ihr Zimmer.«

Alle packten mit an. Sogar die Glühwürmchen mussten helfen, obwohl es draußen hell war und ihr Dienst noch gar nicht begonnen hatte. Aber sosehr sie auch gemeinsam zogen oder schoben, die Hummel saß fest. Da war nichts zu machen.

»Wir brauchen einfach ein bisschen mehr Wumms«, sagte Adlon, dann hatte er plötzlich eine Idee.

»Holen Sie Ihre Kugel«, forderte er den Mistkäfer auf. »Schnell!«

»Ich habe keine Ahnung, wovon Sie reden«, antwortete der Käfer. Dabei wurde er so rot, dass alle im Flur sofort wussten, dass er schwindelte.

»Keine Sorge, ich will sie nicht rausschmeißen, ich will nur ein bisschen kegeln«, versprach Adlon. »Wir brauchen die Kugel, um die Hummel aus der Tür zu katapultieren.«

»Bitte nicht die Kugel!«, brüllte die Hummel, aber das kümmerte niemanden auf dem langen Gang.

Der Mistkäfer zögerte einen Moment, dann lief er in sein Zimmer und kam kurz darauf mit seiner Mistkugel zurück auf den Flur.

»Aber passen Sie bitte auf, dass ihr nichts passiert«, bat der Käfer.

»Und was ist mit mir?«, schrie die Hummel. »Passt lieber auf, dass mir nichts passiert.«

»Wir geben der Kugel einen kräftigen Stoß, dann rast sie den abschüssigen Flur hinunter und gibt der Hummel einen so starken Stups, dass sie aus dem Türrahmen in ihr Zimmer geschleudert wird«, erklärte

Adlon. »Und mit ein bisschen Glück landet die Arme sogar auf ihrem weichen Bett.«

»Bitte, bitte nicht!«, kreischte die Hummel, aber da hatte Adlon schon Anlauf genommen.

Obwohl die Mistkugel schrecklich stank, warfen sich Adlon, Alexa, die Glühwürmchen und alle Gäste auf dem Flur mit ganzer Kraft dagegen. Die Kugel raste den Flur entlang, wurde immer schneller und schneller und knallte gegen den dicken Po der Hummel. In hohem Bogen flog die Hummel in ihr Zimmer und landete sanft auf ihrem Bett, genau wie Adlon es gehofft hatte.

Alle freuten sich und schrien »Hurra!« und »Alle neune!«.

Nur die Hummel stöhnte und rief: »Ich habe schon wieder Hunger!«

Auch der Käfer jubelte nicht, sondern schnappte sich schnell seine Mistkugel und verschwand damit wieder in seinem Zimmer.

Kapitel 7

Endlich Feierabend

»War ganz schön was los heute, oder?« Margot stand neben Adlon an der Rezeption. Die beiden tranken gemeinsam ihren Feierabend-Tee, so wie jeden Abend. Draußen war es schon dunkel, und Ignis schwebte hoch oben in der Halle, um für ein wenig Licht zu sorgen.

»Nur das Übliche«, murmelte der Grashüpfer.

»*Nur das Übliche?*«, wiederholte Ignis und lachte. »Das war heute Halligalli hoch zehn.«

»Du wirst fürs Leuchten bezahlt, nicht fürs Quatschen.« Adlon nahm einen Schluck Tee und starrte abwesend auf die Treppe, die in die zweite Etage führte. Dorthin, wo das Zimmer der Bienenprinzessin lag.

»Wo Ignis recht hat, hat sie recht«, bemerkte Margot. »Erst dieser unmögliche Käfer mit seiner stinkenden Kugel, dann diese unverschämte Biene, die in meine Küche wollte, und zum Schluss noch die arme Hummel.«

»Wieso arm?« Adlon schaute überrascht auf.

»Sie kann ja nichts dafür, dass ich so hervorragend koche und ihr mein Essen so gut schmeckt«, erwiderte Margot. »Und nicht zu vergessen, diese verdächtige Kakerlake. Alexa hat mir erzählt, dass sie sich Zahlen in ihr Notizheft schreibt. Vielleicht will sie die Prinzessin entführen und sammelt Informationen?«

»Meinst du wirklich?« Adlon sah plötzlich besorgt aus.

»Wäre doch immerhin möglich. Ich habe Alexa gesagt, sie soll heute Nacht vor der Schaben-Tür Wache stehen.« Margot trank ihren Tee aus und gähnte. »Sicher ist sicher.«

»Danke«, murmelte Adlon.

»Ich gehe ins Bett«, verkündete die Fliege. »Morgen muss ich früh raus, Frühstück vorbereiten. Machst du auch Feierabend?«

»Ich bleibe lieber die Nacht über wach, falls die Bienenprinzessin noch irgendwas benötigt«, antwortete Adlon.

»Du bist tatsächlich total verknallt, oder?«, sagte Margot.

»Wie kommst du denn darauf?!«, entgegnete Adlon sauer. »Außerdem könnte ich gar nicht schlafen gehen, selbst wenn ich wollte. Das Hotel ist komplett ausgebucht und ich habe mein Zimmer doch den beiden verliebten Käfern gegeben.«

»Brauchen Sie mich hier noch, Chef?«, fragte Ignis, nachdem Margot sich verabschiedet hatte.

»Nein, flattere lieber hoch zu Alexa und leiste ihr ein bisschen Gesellschaft, damit die Arme nicht so ganz allein vor Zimmer Nummer 14 hocken muss.«

»14? Ich dachte, das wäre die 13«, erwiderte Ignis.

»Ihr macht mich alle noch wahnsinnig!« Adlon stöhnte. »Die 14 ist doch die 13, aber – PSST! – verrat das keinem.«

Als das Glühwürmchen verschwunden war, leuchtete nur noch der Vollmond durch eines der Fenster in die Halle hinein. Aber die Dunkelheit störte Adlon nicht, so konnte er besser seinen Gedanken nachhängen. Der

Grashüpfer träumte mit offenen Augen, und es war derselbe Traum, den er schon am Nachmittag geträumt hatte.

Plötzlich schreckte Adlon auf. Ein Blatt wehte durch die Halle. Immer nur ein kleines Stück, dann blieb es für einen kurzen Moment liegen, bevor es weiterflog. Das Blatt war im Dunkeln kaum zu erkennen, aber Adlon war sich ganz sicher: Es bewegte sich, obwohl es in der Halle völlig windstill war.

Adlon trat hinter der Rezeption hervor und näherte sich vorsichtig dem Blatt, das genau in dem Augenblick wieder ein Stück Richtung Ausgang schwebte.

Jetzt hätte der Grashüpfer doch gerne Ignis in seiner Nähe gehabt, dann wäre es in der düsteren Halle etwas weniger unheimlich gewesen. Aber das Glühwürmchen war oben bei Alexa, und die beiden um Hilfe zu rufen, traute sich Adlon nicht. Er hatte Angst, dass ein lautes Geräusch das Blatt verscheuchen würde. Oder besser gesagt: was auch immer sich unter dem Blatt versteckte.

Der Grashüpfer war sich inzwischen ziemlich sicher, dass sich das Blatt nicht von allein bewegte. Als Adlon es erreicht hatte, nahm er all seinen Mut zusammen. Er packte das Blatt an dem kleinen grünen Stiel und riss es in die Höhe.

»SIE?!«, rief Adlon überrascht.

»PSSST!«, zischte die Bienenprinzessin. »Sie wecken ja alle auf!«

»Was um alles in der Welt machen Sie denn hier, Hoheit?«

»Hören Sie schon auf mit der blöden Hoheit«, flüsterte die Prinzessin. »Hoheit hier, Hoheit da! Ich kann es nicht mehr hören! Nennen Sie mich einfach Lissy, so heiße ich nämlich.«

»Adlon, mein Name ist Adlon«, erwiderte der Grashüpfer, weil ihm nichts Besseres einfiel. »Wo wollen Sie überhaupt hin?«

»Raus, einfach nur raus!«, antwortete Lissy. »Sie können sich nicht vorstellen, wie langweilig das Leben als Prinzessin ist. Ständig passt jemand auf mich auf, entweder meine Leibgarde oder meine Oberste Dienerin. Nie habe ich Zeit für mich und kann machen, was ich will.«

»Das muss schrecklich sein«, murmelte Adlon.

»Und ob es das ist! Deswegen habe ich mir das Blatt geschnappt und mich darunter an den Wachen vorbeigeschlichen. Ich wollte heimlich raus auf die Wiese, nachts im Mondschein muss es dort draußen wunderwunderschön sein.« Lissy hatte wieder dieses freche Grinsen im Gesicht, das ihre Grübchen so schön zur Geltung brachte und das Adlon schon bei ihrer ersten Begegnung so gut gefallen hatte. »Kommen Sie mit?«

»Oh nein, das geht nicht, Hoheit, ähh, Lissy«, erwiderte Adlon erschrocken.

»Wenn Sie zu feige sind, gehe ich eben allein.«

»Oh nein, das geht auch nicht!«

»Dann kommen Sie also doch mit!«, freute sich Lissy.

»Ich ... also ... nein ... doch ...«, stammelte der Grashüpfer.

»Seien Sie doch nicht so eine ängstliche Grille.« Die Bienenprinzessin griff nach seiner Hand und zog Adlon hinter sich her. »Ich habe das schon öfters gemacht, und außerdem haben Sie bei meiner Ankunft versprochen, mir jeden Wunsch zu erfüllen. Schon vergessen?«

Kapitel 8

Die Wiese im Mondschein

»Das ist ja noch viel, viel hübscher, als ich gedacht hatte«, flüsterte Lissy.

Die Prinzessin und der Grashüpfer standen auf der Terrasse des Hotels. Unter ihnen lag die Wiese und in der Ferne konnten sie sogar den Fluss erkennen. Der Vollmond ließ das Wasser glitzern und auch die Gräser sahen in dem silbern schimmernden Licht wunderschön aus.

»Abends stehe ich manchmal hier draußen und schaue einfach nur auf die Wiese«, sagte Adlon. »Manchmal stelle ich mir vor, ich hüpfe einfach los, einfach geradeaus bis zum Fluss und dann auf die andere Seite und immer weiter und weiter.«

»Da drüben ist es auch nicht besser als hier«, bemerkte Lissy. »Nur anders.«

»Sie waren auf der anderen Seite des Flusses?« Außer Madame Spinoza kannte Adlon niemanden, der schon einmal dort gewesen war.

»Mehr als einmal. Staatsbesuche gehören zu meinem Job«, erwiderte Lissy und breitete ihre Flügel aus.

»Was haben Sie vor?«, fragte Adlon erschrocken.

»Mich da unten ein bisschen umschauen, was denn sonst?«, antwortete die Prinzessin.

»Ich dachte, wir genießen hier oben ein wenig die Aussicht und gehen dann wieder rein. Da unten ist es doch viel zu ge…«

Aber bevor der Grashüpfer seine Bedenken ausgesprochen hatte, war Lissy schon gestartet.

Adlon blieb nichts anderes übrig, als ihr hinterherzuhüpfen. Aber es dauerte eine Weile, bis er die Prinzessin eingeholt hatte. Lissy summte von Blume zu Blume und flog Slalom zwischen den langen Grashalmen.

»Warten Sie auf mich! Ich kann nicht so schnell«, rief der Grashüpfer.

»Ach was, das schaffen Sie schon«, antwortete Lissy und flog weiter, weil sie eine Nachtkerze entdeckt hatte. Das war eine der wenigen Blumen auf der Wiese, die auch in der Dunkelheit blühte.

»Ist sie nicht traumhaft schön?«, fragte die Prinzessin, als Adlon sie endlich erreicht hatte.

»Ja, schon schön«, keuchte der Grashüpfer atemlos. »Können wir jetzt bitte wieder zurück?«

Adlon war der nächtliche Ausflug unheimlich. Er hatte in der Ferne schon einen Fuchs gesehen, doch zum Glück interessierte sich das große Tier nicht für die beiden kleinen Insekten. Bestimmt waren aber auch Igel oder Mäuse unterwegs, für die die Biene und der Grashüpfer ganz sicher ein willkommener Mitternachtssnack waren.

»Und lecker ist sie auch«, rief Lissy, die am Nektar der Nachtkerze naschte. »Wollen Sie mal probieren?«

»Nein, danke, sehr freundlich«, erwiderte Adlon. »Das Einzige, was ich will, ist wieder zurück ins Hotel, und das so schnell wie möglich, wenn möglich.«

»Papperlapapp, wir haben doch gerade erst angefangen«, rief Lissy und flatterte weiter.

Adlon blieb wieder nichts anderes übrig, als ihr hinterherzuhüpfen. Die Bienenprinzessin summte zwischen den Gräsern herum und genoss es, sich ohne ihr Gefolge bewegen zu können. Adlon genoss es nicht. Einerseits war es natürlich toll, mit Lissy allein auf der Wiese zu sein, andererseits aber hatte er schreckliche Angst vor den Tieren, die hier nachts auf der Jagd waren. Der Grashüpfer fürchtete nicht nur um sein Leben – das natürlich auch –, viel mehr sorgte er sich, dass der Bienenprinzessin etwas geschehen könnte. Das wäre eine Katastrophe für den guten Ruf des Hotels *Zur Grünen Wiese* gewesen, vor allem aber sorgte er sich, weil er Lissy mochte. Richtig gern sogar, da hatten Alexa und Margot schon recht gehabt.

»Ich glaube, Sie brauchen eine Pause«, rief Lissy ihm zu und lachte. »Sie sind ja ganz außer Atem, und schwitzen tun Sie auch wie eine Libelle, die versucht den Regenbogen zu erreichen.«

Die Bienenprinzessin hatte sich auf einem Maulwurfshügel niedergelassen. Der Erdhaufen war hoch genug, sodass sie über die Gräser auf den Fluss schauen konnte.

Tatsächlich schwitzte Adlon vor Anstrengung, und völlig außer Atem war er auch, als er die Bienenprinzessin eingeholt hatte. Die weiten und

hohen Sprünge waren anstrengend und Adlon war schon lange nicht mehr so viel gehüpft.

»Meinen Sie, das ist eine gute Idee, hier zu sitzen?« Adlon stand auf dem Erdhaufen und sah sich unsicher um.

»Klar, warum denn nicht?«, fragte die Prinzessin zurück.

»Weil das hier ein Maulwurfshügel ist«, bemerkte der Grashüpfer. »Und ich bin mir ziemlich sicher, dass Maulwürfe Insekten wie uns fressen. Gerne sogar.«

»Sie sind wirklich noch nicht viel rumgekommen, oder?«, erkundigte sich Lissy.

»Warum?«

»Weil das hier ein verlassener Hügel ist«, erklärte die Prinzessin. »Hier hat sich schon lange kein Maulwurf mehr blicken lassen, das erkennt man an der harten Erde.«

»Sicher?«

»Ganz sicher.« Lissy klopfte mit einer Hand auf den Boden, damit sich Adlon neben sie setzte.

Eine Weile sagten die beiden nichts, sondern schauten einfach nur auf den Fluss. Manchmal auch in den Himmel, wo Millionen Sterne über ihnen leuchteten und ab und zu eine Sternschnuppe über sie hinwegzog. Irgendwann begannen ein paar Grillen hinter ihrem Rücken zu zirpen. Es klang wie ein Orchester, das nur für sie spielte.

Langsam entspannte sich Adlon. Es war einer der schönsten Momente seines Lebens, und wenn ihn jetzt ein Igel fressen würde, wäre es ihm auch egal. Besser würde es nicht werden, und Hauptsache, Lissy passierte nichts.

»Sie haben recht, man sollte öfters mal ...«

»DU, nicht SIE«, unterbrach ihn die Prinzessin. »Lass uns mit dem blöden SIEZEN aufhören. Ich habe doch schon gesagt, nenn mich einfach Lissy.«

Und dann unterhielten sich Lissy und Adlon über Dinge, über die sie noch nie mit jemand anderem gesprochen hatten. Lissy erzählte, wie sehr sie die vielen Verpflichtungen als Prinzessin hasste, und Adlon erzählte von seinem großen Traum: all die Orte zu besuchen, aus denen seine Gäste kamen.

Irgendwann redeten sie nicht mehr, sondern saßen einfach nur schweigend auf dem verlassenen Maulwurfshügel und betrachteten die Spiegelung des Mondes auf dem Wasser des Flusses. Außer ein paar Nachtfaltern, die über ihnen durch den Nachthimmel schwirrten, den zirpenden Grillen hinter ihnen und dem Fuchs, der am Ufer entlanglief, schienen sie auf der Wiese ganz allein zu sein. Ab und zu streifte Adlons Fühler zufällig Lissys Flügel, dann zuckten beide zusammen. Aber nur kurz, danach rutschten sie ein Stück näher aufeinander zu und hörten erst damit auf, als ihre Schultern aneinanderstießen. So blieben sie nebeneinandersitzen, bis es auf der Wiese bereits zu dämmern begann und sich die Nacht langsam, aber sicher von den beiden verabschiedete.

Kapitel 9

Gefahr von oben

»Ich glaube, wir sollten langsam mal zurück, Lissy«, sagte Adlon.

»Ja, wahrscheinlich hast du recht«, erwiderte die Prinzessin. »Schade, ich hätte hier ewig mit dir sitzen können.«

»Ich auch!« Adlon erhob sich, was ihm schwerfiel, weil seine Beine nach dem langen Sitzen eingeschlafen waren.

Genau in dem Moment schob sich ein Schatten vor die aufgehende Sonne. Der Grashüpfer bemerkte ihn als Erster, und als er aufschaute, sah er eine riesige Amsel, die genau auf sie zuflog.

Trotz seiner steifen Beine gelang es Adlon, sich auf Lissy zu werfen und sie schnell auf den Boden zu drücken. Die Amsel verfehlte die beiden mit ihrem aufgesperrten Schnabel nur um Federbreite.

»Entschuldige«, murmelte Adlon, als er sich wieder aufrichtete.

»Du musst dich doch nicht entschuldigen, du hast mir das Leben gerettet«, sagte Lissy und gab dem Grashüpfer einen Kuss auf die Wange.

»Ja, aber nur vorübergehend.« Adlon zeigte in den Himmel.

Die Amsel nahm Anlauf für einen zweiten Angriff. Diesmal versuchte sie, die beiden Insekten nicht im Flug zu erwischen, sondern ging auf Nummer sicher. Der große schwarze Vogel landete nur eine Flügelbreite von Adlon entfernt auf dem alten Maulwurfshügel. Die Amsel grinste sie an, so schien es Adlon, weil sie sich offenbar ganz sicher war, dass ihre Beute ihr diesmal nicht mehr entkommen würde.

»Flieg schnell weg, ich lenke sie ab«, flüsterte Adlon.

»Quatsch, du hüpfst schnell weg, und ich lenke sie ab«, widersprach Lissy.

»Kommt gar nicht infrage«, sagte Adlon. »Wenn sich hier jemand opfert, bin ich das. Immerhin bin ich der Direktor des Hotels und für meine Gäste verantwortlich.«

»Du hast aber keinen Stachel, so wie ich«, entgegnete Lissy. »Du bist völlig unbewaffnet. Wie willst du dich da wehren?«

»Aber wenn du zustichst, bist du tot!« Adlon wusste nicht besonders viel über Bienen. Aber dass sie ihren Stachel verloren, wenn sie ihn benutzten, und dann sterben mussten, das hatte auch er schon gehört.

Die Amsel hatte ihren Kopf neugierig zur Seite geneigt, so als würde sie sich fragen, was die beiden zu bequatschen hatten, so kurz bevor sie

von ihr gefressen werden. Irgendwann wurde es dem Vogel zu langweilig. Die Amsel riss ihren Schnabel so weit auf, dass Lissy und Adlon bis in ihren Rachen schauen konnten. Der Grashüpfer warf sich schützend vor die Bienenprinzessin, aber Lissy drängte sich wieder nach vorne, um Adlon gegen den Vogel zu verteidigen. Auf die einfache Idee, einfach zu fliehen und sich zwischen den Gräsern in Sicherheit zu bringen, kam keiner der beiden. Sie waren viel zu sehr damit beschäftigt, sich gegenseitig zu beschützen.

Die Amsel sperrte ihren Schnabel jetzt noch weiter auf und tat einen letzten Schritt auf Lissy und Adlon zu. Der Grashüpfer bildete sich ein, jetzt schon bis tief in den Magen des Vogels sehen zu können. Deswegen schloss er lieber schnell die Augen und klammerte sich an Lissy, die den Grashüpfer ebenfalls eng umschlungen hielt. Wenn sie schon sterben mussten, dann wollten sie es gemeinsam tun.

»Das war der schönste Abend meines Lebens«, flüsterte der Grashüpfer, und die Bienenprinzessin erwiderte leise: »Meiner auch!«

Doch als die Amsel zuschnappen wollte, ertönte ein heller Ton. Er war so hell, dass er das Glas einer weggeworfenen Limonadenflasche, die auf der Wiese zwischen den Gräsern lag, zerspringen ließ. Die Amsel sprang erschrocken zurück und presste sich ihre Flügel auf die Ohren. Auch die Biene und der Grashüpfer ließen sich los und rissen ihre Arme schützend nach oben, weil der schrille Ton kaum auszuhalten war. Als er endlich verstummte, erhob sich die Amsel mit zwei hastigen Flügelschlägen in die Höhe und flatterte davon.

Auch Adlon und Lissy nahmen ihre Hände wieder von den Ohren und schauten sich suchend um.

»Puhh, gerade noch mal gut gegangen. Das erinnert mich an einen Auftritt auf einer Fallobstwiese, da hätte mich fast ein Apfel erschlagen, weil die Bühne direkt unter dem Baum stand. In letzter Sekunde hat mich ein Wurm gerettet, der mit einer Hälfte in dem Apfel saß und sich mit der anderen an einen Ast geklammert hat. Ohne den wäre ich heute nicht hier und euch gäbe es dann auch nicht mehr.«

»Madame Spinoza!«, rief Adlon überrascht. »Was machen Sie denn hier?«

»Sind Sie die berühmte Sängerin?«, wollte Lissy wissen. »Meine Eltern haben Sie mal singen gehört, ist aber schon lange her.«

»So lange kann das noch nicht her sein, Liebelein«, erwiderte die Spinne beleidigt. »So alt bin ich ja noch gar nicht.«

Und dann erzählte Madame Spinoza, dass sie zufällig am Fenster gesessen und beobachtet hatte, wie Adlon mit der Bienenprinzessin aus dem Hotel geflohen war.

»Und da dachte ich mir: Die beiden haben ja offenbar nur Augen für sich. Da brauchen sie jemanden, der ein bisschen auf sie aufpasst.«

Madame Spinoza war der Bienenprinzessin und dem Grashüpfer heimlich gefolgt und hatte sie nie aus den Augen gelassen.

»Ihr habt gar nicht bemerkt, was sich hier die ganze Nacht für zwielichtige Typen rumgetrieben haben. Zum Glück haben sich die meisten in dem Netz verfangen, das ich zur Sicherheit um euren romantischen Maulwurfshügel gesponnen hatte.«

Kapitel 10

Tumult im Hotel

Erst jetzt bemerkten Lissy und Adlon das fein gesponnene Netz, das wie ein Zaun um den Erdhaufen herumführte und sie beschützt hatte. An einigen Stellen zappelten noch ein paar gefährliche Nachträuber, die sich nur mit Mühe befreien konnten und dann schimpfend zwischen den Gräsern verschwanden.

»Ich hätte euch auch ganz einspinnen können, aber dann hättet ihr den schönen Sternenhimmel ja nicht mehr gesehen«, fuhr Madame Spinoza fort. »Aber für überraschende Angriffe aus der Luft beherrsche ich ja glücklicherweise immer noch das hohe C, das sogar Glas zum Zerspringen bringt.«

»Danke«, sagte Adlon. »Bloß gut, dass ich nicht auf Margot gehört habe und Sie rausgeschmissen habe. Nur wegen ein paar Monaten ausstehender Miete. Ich werde Sie nie wieder danach fragen, großes Insekten-Ehrenwort.«

»Das ist nett, aber morgen hätte ich ganz bestimmt gezahlt, Liebelein«, erwiderte Madame Spinoza, aber Adlon und die Spinne wussten, dass das geflunkert war.

»Danke«, hauchte Lissy. »Aber warum?«

»Meinst du, ich war nicht auch mal jung? Also jünger als heute«, verbesserte sich Madame Spinoza. »Damals habe ich genauso leichtsinnig und verliebt wie ihr mit meinem Schatz auf Wiesen im Mondschein gesessen. Leider hatte Arnold damals weniger Glück.«

»Wer war Arnold?«, fragte Adlon.

»Ein ausgesprochen hübscher Hirschhornkäfer. Leider war meine Stimme früher noch nicht so kräftig wie heute«, antwortete Madame Spinoza traurig. »Deswegen konnte ich ihn nicht retten, als vor uns im Mondschein plötzlich ein Igel auftauchte. Arnold hat sich noch tapfer gewehrt, aber er hatte keine Chance. Das ist auch der Grund, warum ich euch heimlich gefolgt bin. Damit euch nicht das Gleiche passiert wie mir. Und jetzt lasst uns zurück ins Hotel. Ich bin müde, schließlich habe ich die ganze Nacht kein Auge zugemacht und ihr auch nicht.«

Lissy legte der Spinne ihre Hand auf die Schulter und Adlon machte es genauso. Der Grashüpfer wollte der Spinne gerade etwas Tröstendes sagen, als Alexa laut winkend auf sie zugelaufen kam.

»Chef! Chef!«, brüllte sie schon von Weitem. »Ich habe Sie schon überall gesucht!«

»Was ist denn passiert?«, rief Adlon. »Hat die Kakerlake irgendwas angestellt?«

»Nein, die schläft und schnarcht. Aber im Hotel ist die Hölle los, das können Sie sich gar nicht vorstellen, was da los ist.«

»Haben die Bienen gemerkt, dass Lissy verschwunden ist?«, erkundigte sich der Grashüpfer besorgt.

»Wer ist Lissy?«; fragte Alexa zurück.

»Ich bin Lissy«, antwortete die Bienenprinzessin.

»Oh!«, rief Alexa überrascht, weil sie Adlons Begleitung vor lauter Aufregung noch gar nicht bemerkt hatte. »Nein, nein, die Bienen schlafen auch alle noch. Es ist viel schlimmer. Es ist ... es ist ...«

»Ganz ruhig, Liebelein«, versuchte Madame Spinoza die Ameise zu beruhigen. »Hol erst mal Luft, und dann erzählst du uns, was geschehen ist.«

»Die ganze Halle ist voller Feuerwanzen und Marienkäfer«, rief Alexa immer noch atemlos.

»Aber wir haben doch gar keine Zimmer mehr frei«, erwiderte Adlon. »Das letzte habe ich an das frisch getraute Hochzeitspaar gegeben.«

»Das ist es ja gerade«, entgegnete Alexa. »Das sind die Familien von den beiden. Die zwei sind von zu Hause abgehauen und haben sich heimlich von einer Blattlaus trauen lassen. Ihre Familien wollten das nämlich nicht, weil die Marienkäfer keine Feuerwanzen leiden können und umgekehrt auch nicht. Sie müssen schnell kommen, Chef. Sonst nehmen die uns den ganzen Laden auseinander. Margot kann die beiden zerstrittenen Familien nicht mehr lange auseinanderhalten.«

»Ich komme sofort«, erklärte Adlon und sprang mit einem weiten Satz über den gesponnenen Schutzzaun.

Lissy flog ihm hinterher und auch Madame Spinoza machte sich zurück auf den Weg zum Hotel.

»Eine Kleinigkeit noch.« Die Bienenprinzessin flog jetzt ganz dicht über den Köpfen der drei Insekten. »Unser nächtlicher Ausflug muss natürlich geheim bleiben, davon darf keiner erfahren. Vor allem nicht meine Oberste Dienerin. Das würde sonst einen riesigen Skandal geben.«

»Ich schweige wie ein Grab, Liebelein«, versprach Madame Spinoza mit heiserer Stimme. »Ich war doch selbst mal jung, also jünger als heute.«

»Ich habe nichts gesehen und nichts gehört«, verkündete Alexa. »Das ist die erste Lektion für alle, die in einem Hotel arbeiten. Da ist Verschwiegenheit Pflicht, nicht wahr, Chef?«

Adlon musste schlucken, denn das hatte er der Ameise tatsächlich an ihrem ersten Tag im Hotel *Zur Grünen Wiese* beigebracht. Aber das hier war etwas anderes, vor allem für ihn selbst.

»Aber ich hatte gehofft, wir gehen zusammen auf die andere Seite des Flusses«, flüsterte Adlon. »Und dann immer weiter und weiter …«

»Du weißt selbst, dass das unmöglich ist.« Lissy streifte den Grashüpfer sanft mit ihrem Flügel. »Du hast dein Hotel, in dem du gebraucht wirst, und ich bin Prinzessin, irgendwann werde ich Königin. Wir können nicht einfach tun, was wir wollen. Aber unser Ausflug war wunderschön, den kann uns niemand nehmen.«

Adlon musste erneut schlucken. Er wusste, dass Lissy recht hatte. Der Grashüpfer wollte noch etwas erwidern, aber sie waren jetzt schon so nah am Hotel, dass er von dem lauten Gebrüll der Feuerwanzen und Marienkäfer abgelenkt wurde.

Als die vier die Halle erreichten, standen sich die beiden Familien wütend gegenüber. Es waren hundert auf jeder Seite, mindestens.

»Feuerwanzen haben zu wenige schwarze Punkte auf dem Rücken«, schrien die Marienkäfer.

»Und die Marienkäfer haben viel zu viele davon«, schrien die Feuerwanzen.

Alle brüllten wütend durcheinander, und allein Margot war es zu verdanken, dass sie nicht übereinander herfielen und sich prügelten. Die dicke Fliege stand mit ihren gezückten Küchenmessern zwischen den

beiden verfeindeten Familien und hielt sie auf Abstand. Der Mistkäfer hatte sich mit seiner Mistkugel an der Treppe postiert. Mit dem Gestank verhinderte er, dass die Wanzen und Käfer die oberen Etagen stürmten. Es war schon das zweite Mal, dass die Kugel gute Dienste tat, dachte Adlon, und er beschloss, sich später bei dem Mistkäfer dafür zu entschuldigen, dass er anfangs so unfreundlich zu ihm gewesen war.

Aus den Augenwinkeln bemerkte der Grashüpfer auch die Wanze, die etwas abseitsstand und sich wieder eifrig Notizen machte. Der Lärm musste sie ge-

weckt haben, genau wie ein paar Bienen, die sich suchend und summend umschauten, weil sie inzwischen wohl doch ihre Prinzessin vermissten. Alexa hatte nicht übertrieben.

In der Halle war die Hölle los.

Kapitel 11

Wo ist Karl?

»Da bist du ja endlich!«, rief Margot erleichtert, als sie Adlon entdeckte. »Wo hast du denn die ganze Zeit gesteckt?«

Der Grashüpfer ignorierte die Frage und brüllte stattdessen, so laut er konnte: »RUHE!«

Tatsächlich wurde es im selben Moment mucksmäuschenstill. Das lag aber nicht an Adlon. Alle starrten zur Treppe, auf der die junge Feuerwanze stand und weinte.

»Karl ist weg, einfach weg«, erklärte die Feuerwanze schluchzend, und im nächsten Augenblick brachen Wanzen und Käfer auch schon wieder in lautes Geschrei aus.

»Der hat sich aus dem Staub gemacht und unsere arme Wanda einfach sitzen lassen, der Schuft«, riefen die Feuerwanzen.

»So eine Frechheit! Ihr Wanzen habt ihn bestimmt entführt und in einen Maulwurfsgang geworfen«, riefen die Marienkäfer.

»RUHE!« Diesmal war es Wanda, die brüllte. Sie wischte sich die Tränen aus den Augen. »Könnt ihr bitte, bitte aufhören zu streiten!«

»Aber, Wanda, mein Kind, sei froh, dass du ihn los bist!«, rief eine der Feuerwanzen. Offenbar war es Wandas Mutter. »Ich habe ja immer schon gesagt, dass das nicht gut gehen wird.«

»Kluge Worte, zumindest für eine Wanze«, rief einer der Käfer. »Mein Sohn hat das wohl auch endlich eingesehen und hat sich auf die Suche nach einem netten Marienkäfermädchen gemacht.«

»Das würde Karl niemals tun«, rief Wanda verzweifelt. »Er wollte auf der Terrasse nur etwas frische Luft schnappen. Ich bin dann eingeschlafen und heute Morgen war er nicht mehr da.«

Die Wanzen und die Käfer fingen wieder an zu streiten, heftiger als zuvor.

»Haben Sie gestern Nacht da draußen irgendetwas Verdächtiges bemerkt, Madame Spinoza?«, fragte Adlon.

»Nichts, außer den üblichen Nachtjägern und ein paar Riesen, die über die Wiese gelaufen sind«, krächzte die Spinne. »Aber offenbar habe ich mich ein wenig erkältet, Liebelein. Vielleicht war es auch das hohe C, das meine Stimmbänder angegriffen hat.«

»Sie Ärmste, Margot macht Ihnen gleich einen Tee«, versprach Adlon.

Aber die dicke Fliege war immer noch damit beschäftigt, die beiden Familien auseinanderzuhalten. Die Wanzen und die Käfer überhäuften sich mit Vorwürfen und Beschimpfungen, während Wanda auf einer Treppenstufe saß und aus lauter Angst um ihren Karl bittere Tränen vergoss.

Adlon konnte gar nicht hinsehen, weil ihm ihr Anblick das Herz zerriss. Lissy war in der Zwischenzeit unbemerkt zu den anderen Bienen geflogen und sprach mit ihrer Obersten Dienerin. Adlon verstand nur Bruchstücke von dem, was die Prinzessin erzählte.

»... bin früh aufgewacht ... der Sonnenaufgang war so schön ... da bin ich raus, aber nur ganz kurz ...«

Den Grashüpfer erwähnte Lissy mit keinem einzigen Wort, aber das hatte Adlon auch nicht erwartet. Trotzdem tat es weh.

Adlon seufzte einmal tief, sprang mit einem weiten Satz an den Kronleuchter, der an der Decke hing, und schwang sich über die Köpfe der vielen Wanzen und Käfer zur Rezeption. Dort landete er auf dem Pult und trat mit seinem Fuß auf die kleine Tischglocke, mit der Gäste ihn rufen konnten, wenn er im Hotel unterwegs war.

PLINNNG!

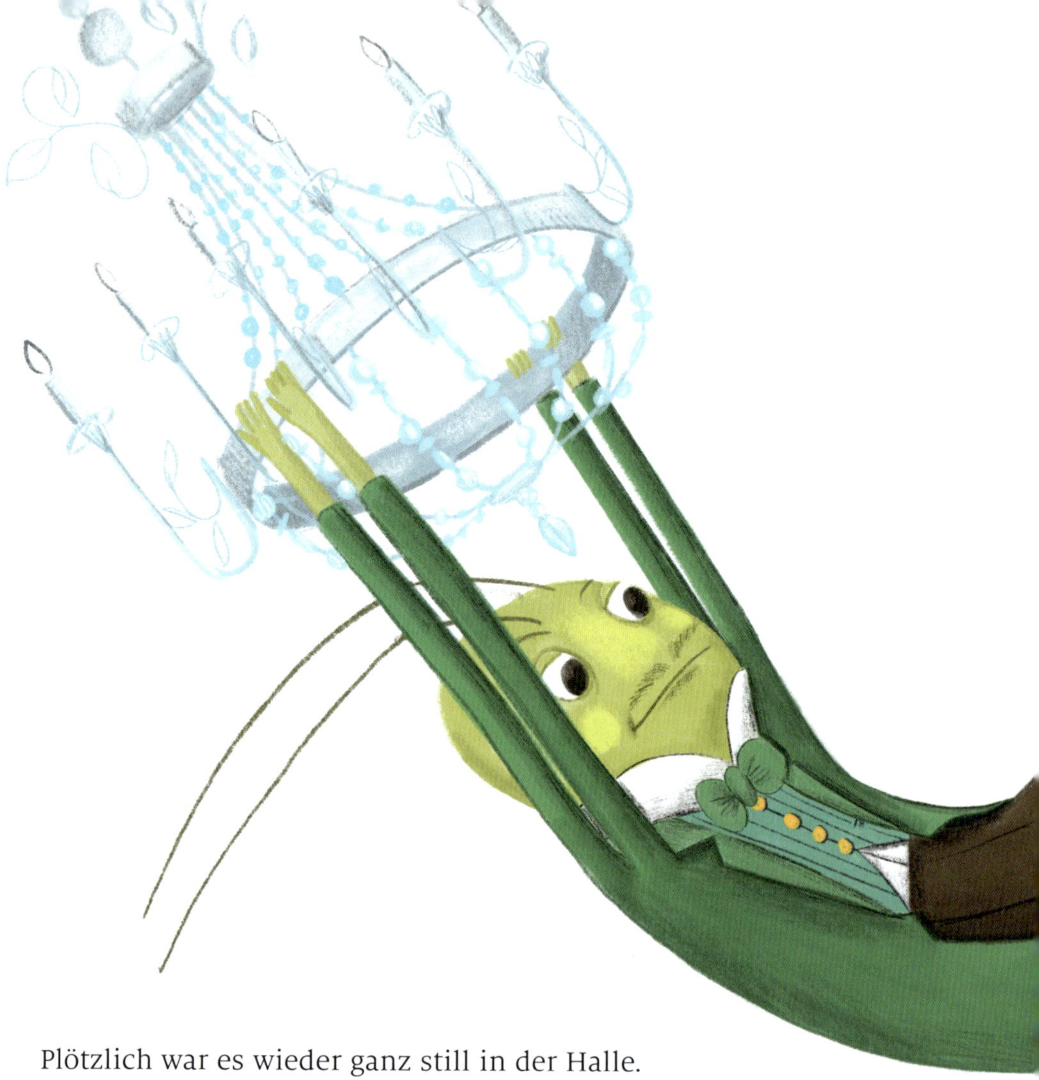

Plötzlich war es wieder ganz still in der Halle.
Alle starrten ihn an: die Marienkäfer, die Feuerwanzen, die Schabe, der Mistkäfer, die Bienen, Alexa, Lissy, Madame Spinoza, Margot und sogar Wanda, auch wenn sie Adlon wegen ihrer verheulten Augen nur verschwommen erkennen konnte.

Adlon räusperte sich, dann legte er los: »Seht ihr denn nicht, wie die arme Wanda leidet?! Es ist doch völlig egal, wen man liebt. Sogar ein Grashüpfer kann eine Biene lieben und umgekehrt. Und wisst ihr was? Das ist völlig in Ordnung. Ich habe Karl und Wanda angesehen,

wie sehr die beiden sich lieben. Gestern als sie nach einem Zimmer gefragt haben und ich ihnen meines gegeben habe, weil alle anderen belegt waren. Schämt ihr euch denn gar nicht, dass ihr den beiden ihr Glück nicht gönnt?! Alles, was sie wollen, ist doch nur zusammen zu sein und gemeinsam glücklich zu werden. Ist das zu viel verlangt? Feuerwanzen und Marienkäfer: Wo ist da der Unterschied?! Ihr seid beide rot und habt Punkte auf dem Rücken!«

»Marienkäfer haben aber zu viele!«

»Und Feuerwanzen zu wenige!«

Aber es waren nur noch wenige Zwischenrufe, die meisten der Wanzen und Käfer schauten verlegen auf den Boden, weil Adlons Rede sie tief in ihrem Herzen berührt hatte.

»Der wahren Liebe sind die Punkte egal, für sie zählt nur das Herz und sonst gar nichts«, erwiderte der Grashüpfer und sprang zurück auf den Boden.

Wanda winkte ihm dankbar zu, Alexa wischte sich gerührt eine Träne aus den Augenwinkeln, die Schabe machte sich weiter Notizen, und Madame Spinoza und Margot applaudierten begeistert. Lissy hauchte Adlon einen Flugkuss durch die Halle zu, aber so, dass es außer dem Grashüpfer niemand sehen konnte. Dann flüsterte die Prinzessin erneut mit ihrer Obersten Dienerin und verkündete laut: »Ich werde meine Leibgarde auf die Suche nach Karl schicken. Es sind die schnellsten Flieger weit und breit. Wenn den Käfer jemand findet, dann sie.«

Aus den Familien der Wanzen und Käfer erschollen laute »Hoch!«-Rufe. Aber es war nicht ganz klar, ob sie Adlons mitreißender Rede oder Lissys Versprechen galten.

Die Bienen erhoben sich sofort in die Luft und flogen summend hinaus auf die Wiese, um den vermissten Marienkäfer zu suchen.

Kapitel 12

Mission Marmeladenglas

»Das haben Sie toll gemacht, Chef«, rief Alexa begeistert, und Margot sagte: »Ich wusste ja gar nicht, was für ein toller Redner du bist.«

Dabei schlug sie Adlon so kräftig auf den Rücken, dass er einen Hüpfer nach vorne machte.

»Ich auch nicht«, gestand Adlon, und das stimmte: Er hatte keine Ahnung, woher die vielen Wörter plötzlich gekommen waren.

»Aber was machen wir, bis die Bienen wieder zurück sind«, fragte die dicke Fliege.

»Frühstücken«, erwiderte Adlon. »Das beruhigt die Gemüter. Sei bitte so gut und bereite eine Kleinigkeit für alle zu.«

»Für alle?« Die Köchin sah den Grashüpfer überrascht an und zeigte auf die vielen Wanzen und Käfer, die sich immer noch in der Halle tummelten. Die Familien standen sich jetzt nicht mehr feindselig gegenüber. Einige sprachen sogar miteinander, also Wanzen mit Käfern und andersrum. Andere hockten auf der Treppe neben Wanda und trösteten sie, nachdem der Mistkäfer seine Kugel zur Seite gerollt und den Weg freigegeben hatte.

»Ja, für alle. Das geht aufs Haus«, erwiderte Adlon. »Alexa hilft dir.«

»Du bist hier der Boss«, brummte Margot und verschwand mit der Ameise in der Küche. Adlon schaute sich nach Lissy um, aber die war mit ihrer Obersten Dienerin schon wieder hoch in die zweite Etage geflogen.

Zum gemeinsamen Frühstück kam dann auch die dicke Hummel aus ihrem Zimmer gekrochen, weil sie gehört hatte, dass es in der Halle etwas zu essen gab. Aber Alexa servierte ihr nur einen Tee und einen Obstsalat. Sie hatte Angst, dass die Hummel sonst ein zweites Mal in der Tür stecken bleiben würde. Die anderen Gäste des Hotels aber bedienten sich an dem Frühstücksbuffet, das Margot und Alexa auf die Schnelle gezaubert hatten. Nur Wanda bekam aus lauter Sorge um ihren Karl

keinen Bissen herunter und auch Adlon verzichtete auf sein Frühstück. Obwohl er schrecklich müde war, weil er nicht geschlafen hatte, stand er draußen vor dem Hotel auf der Terrasse und wartete ungeduldig auf die Rückkehr der Bienen.

»Und? Haben Sie ihn gefunden?«, fragte er jede Biene, die neben ihm auf der Terrasse landete.

Aber alle schüttelten nur traurig den Kopf und verschwanden im Hotel, um sich an Margots Buffet für den nächsten Flug zu stärken.

Der Grashüpfer hatte die Hoffnung schon fast aufgegeben und überlegte, wie er Wanda die schreckliche Nachricht schonend beibringen konnte, als eine Biene über die Wiese auf das Hotel zusteuerte. Sie wurde von einer Meise verfolgt, aber weil sie in der Luft immer wieder Haken schlug, gelang es dem Vogel nicht, sie zu fangen. Es war eine wilde Verfolgungsjagd, die Adlon aus der Ferne beobachtete. Der Grashüpfer

wünschte der Biene leise viel Glück, und tatsächlich gelang es ihr, die Meise abzuschütteln und sicher auf der Terrasse zu landen. Erst jetzt erkannte der Grashüpfer, dass es dieselbe Biene war, die damals mit verbundenen Augen Margots Küche durchsucht hatte.

»Puh, das war ganz schön knapp«, begrüßte Adlon sie erleichtert.

»Das war doch gar nichts. Da habe ich schon ganz andere Gefahren überstanden«, erwiderte die Biene. »Ich habe den Marienkäfer übrigens gefunden.«

»Wo?«, fragte Adlon aufgeregt.

»Beim Haus der Riesen am Ende der Wiese«, antwortete die Biene. »Er steckt da in einem großen, leeren Marmeladenglas mit einem schweren Deckel obendrauf.«

»Lebt er?«

»Sah zumindest so aus«, erwiderte die Biene. »Sprechen konnte ich nicht mit ihm, dazu war das Glas zu dick. Ich vermute, die Riesen haben ihn gefangen.«

»Aber warum?« Adlon erinnerte sich daran, dass Madame Spinoza in der Nacht Riesen auf der Wiese gesehen hatte. Sie mussten Karl mitgenommen haben.

»Riesen machen doch ständig seltsame Sachen, die wir nicht verstehen. Sonst wären es ja auch keine Riesen«, antwortete die Biene. »Ich melde mich ab! Mein Auftrag ist erfüllt!«

Adlon stand auf der Terrasse und starrte auf das Haus, das am anderen Ende der Wiese lag. Er war noch nie dort gewesen. Genau wie die meisten anderen Insekten vermied er es, in die Nähe des Hauses zu kommen, in dem große und etwas kleinere Riesen lebten. Gefährlich waren sie beide, und es gab Tausende Geschichten über gefangene Wiesenbewohner, die dort erschlagen, zertreten oder eingesperrt worden waren.

»Gute oder schlechte Nachrichten, Liebelein?«, fragte Madame Spinoza.

Sie stand mit Margot und Alexa hinter Adlon. Die drei hatten das Gespräch zwischen dem Grashüpfer und der Biene beobachtet und waren neugierig nach draußen gekommen, um zu hören, was los war.

»Die Biene hat Karl gefunden«, antwortete Adlon.

»Das ist doch gut, Chef«, freute sich Alexa.

»Geht so«, erwiderte der Grashüpfer. »Er ist gefangen in einem verschlossenen Marmeladenglas beim Haus der Riesen.«

»Gar nicht gut«, brummte Margot.

»Ich muss ihn befreien!«, erklärte Adlon. »Er ist Gast in meinem Hotel und ich bin für das Wohl meiner Gäste verantwortlich.«

»Aber wie willst du ihn denn da rausholen?«, fragte Madame Spinoza.

»Vielleicht könnten Sie mit einem hohen C das Glas zum Zerspringen bringen, so wie die Limonadenflasche«, schlug Adlon vor.

»Würde ich ja gerne, geht aber nicht, Liebelein. Mit meiner Erkältung ist das hohe C für mich unerreichbar«, erklärte die Spinne. »Tut mir leid.«

»Dann werde ich einen anderen Weg finden müssen«, erwiderte der Grashüpfer.

»Wenn du gehst, komme ich mit«, erklärte Margot, und Alexa rief: »Ich auch, Chef.«

»Und wer soll sich dann hier um den Laden kümmern?«, fragte Adlon.

»Das lass ruhig meine Sorge sein, Liebelein«, sagte Madame Spinoza. »Ich bin bereits so lange Gast in eurem schönen Hotel, da werde ich das schon hinkriegen, ohne dass euch jemand vermisst.«

»Seid ihr auch ganz sicher?« Adlon schaute Margot und Alexa lange an. »Es kann gefährlich werden.«

Die Fliege und die Ameise nickten entschlossen, und damit war es entschieden: Das Team des Hotels *Zur Grünen Wiese* würde seinen verlorenen Gast gemeinsam zurückholen.

Kapitel 13

Unterwegs zu den Riesen

»Viel Glück!«, krächzte ihnen Madame Spinoza hinterher, als Adlon, Margot und Alexa von der Terrasse hinunter auf die Wiese sprangen, flogen und kletterten. Und dann, als die drei sie schon nicht mehr hören konnten, fügte sie leise hinzu: »Ihr werdet es brauchen.«

Der Weg führte Adlon diesmal nicht in Richtung Fluss, so wie in der vergangenen Nacht, sondern zu dem Haus der Riesen, das am entgegengesetzten Ende der Wiese lag. So oft war er die ganzen letzten Jahre nicht draußen gewesen, überlegte der Grashüpfer, der sich zurück zu seinem Hotel sehnte. Da war es sicher, warm und trocken. Nicht so wie hier in der Wildnis, wo es jetzt auch noch zu regnen begann.

»Was war denn jetzt eigentlich mit dir und der Prinzessin?«, erkundigte sich Margot, die sich ein Blatt über den Kopf hielt, so als wäre es ein Regenschirm. »Im Hotel machen schon die wildesten Gerüchte die Runde.«

»Gar nichts war«, erwiderte Adlon, der keine Lust hatte, über letzte Nacht zu reden.

»Dann warst du also nicht mit ihr hier auf der Wiese?«, ließ Margot nicht locker. »Ich hatte mir schon gedacht, dass an dem Gerücht nichts dran ist. Du und die Prinzessin!«

»Stimmt aber!«, rief Alexa dazwischen. »Ich habe die beiden doch getroffen, als ich den Chef holen sollte.«

»Oh, là, là«, machte die Fliege und grinste vielsagend. »Hätte ich dir gar nicht zugetraut, du alter Herzensbrecher.«

»Das war ganz harmlos«, plapperte die Ameise weiter. »Schließlich war ja auch Madame Spinoza dabei und hat die ganze Nacht auf die beiden aufgepasst.«

»Die gute alte Spinne als Anstandsdame, ich lach mich weg«, rief Margot.

»Es war alles ganz anders, als du denkst«, erwiderte Adlon. »Wir haben einfach nur geredet.«

»Klar, nur geredet«, kicherte Margot, die dem Grashüpfer kein Wort glaubte.

Adlon wollte gerade erklären, dass sie sich ihr albernes Kichern sparen könnte, da kam ihnen ein Trupp Ameisen entgegen. Als der Anführer Alexa sah, ließ er seine Leute anhalten und sagte: »Du bist doch die kleine Alexa, oder? Mein Name ist Bob, und ich kenn deine Eltern, die sind mächtig stolz auf dich.«

»Dazu haben sie auch allen Grund«, bemerkte Adlon. »Alexa macht sich wirklich prima.«

»Und fleißig ist sie auch«, bestätigte Margot.

»Muss man ja auch, wenn man als Chefin so ein großes Hotel leitet«, fuhr Bob fort. »Das stelle ich mir ziemlich anstrengend vor und viel Verantwortung ist das sicher auch. Aber wer sollte es sonst machen, wenn nicht eine Ameise. Nicht wahr, Alexa?«

»Ja, klar, wer sonst, außer einer Ameise«, wiederholte Alexa, die ganz rot geworden war.

»Und die beiden da sind bestimmt deine Angestellten.« Bob zeigte auf Adlon und Margot.

»Wie bitte? Das ist ja wohl ...«

Aber bevor Margot weitersprechen konnte, stieß der Grashüpfer sie in die Seite und sagte: »Ja, das sind wir. Wir arbeiten gerne für Alexa.«

Adlon zwinkerte der dicken Fliege zu und grinste.

»Weil sie so eine tolle Chefin ist, ich könnte mir keine bessere wünschen«, sagte Margot und grinste ebenfalls.

»Dann will ich dich mal nicht länger aufhalten, Alexa. Du hast bestimmt wahnsinnig viel zu tun«, erklärte Bob, dann rief er laut: »Abteilung, marsch!«

Adlon und Margot konnten sich gerade noch so lange beherrschen, bis die Ameisen-Patrouille hinter einem Grasbüschel verschwunden war. Dann lachten beide laut los, während Alexa verlegen auf den Boden starrte.

»Lasst uns weiter, wir haben etwas Wichtiges zu erledigen«, sagte Adlon, als die Fliege und er sich wieder beruhigt hatten.

»Das können wir allein doch gar nicht entscheiden«, erwiderte Margot und schaute Alexa an. »Das muss die Chefin entscheiden.«

»Das ist mir so schrecklich peinlich«, jammerte Alexa. »Vielleicht habe ich bei meinem letzten Besuch zu Hause ein ganz klein wenig übertrieben, was meine Stellung im Hotel *Zur Grünen Wiese* angeht. Das könnte schon sein.«

»Du hast nicht ein klein wenig übertrieben, du hast schrecklich angegeben«, entgegnete Margot. »Aber das ist schon okay, das habe ich in deinem Alter auch. Da habe ich einfach behauptet, ich wäre eine Dreisterneköchin, obwohl ich gerade mal Tee kochen konnte. Und auch der war damals nicht besonders gut.«

»Bin ich jetzt gefeuert, Chef!«, fragte Alexa besorgt.

»Blödsinn, du machst deinen Job doch gut«, beruhigte Adlon die kleine

Ameise. »Und du hast ja auch gar nicht richtig geschwindelt, du hast nur von der Zukunft gesprochen. Irgendwann wirst du dein eigenes Hotel haben.«

»Wirklich?«, fragte Alexa glücklich.

»Davon bin ich felsenfest überzeugt«, antwortete Adlon. »Und jetzt lass uns weiter. Je früher wir am Haus der Riesen sind, desto besser für Karl.«

Die drei erreichten ihr Ziel ohne weitere Zwischenfälle. Auf dem Rasen vor dem Haus der Riesen stand ein hoher Tisch aus Holz, und genau wie die Biene gesagt hatte, war darauf ein großes Marmeladenglas, und darin hockte Karl.

Adlon, Margot und Alexa hüpften, flogen und kletterten zu ihm hoch. Auf dem Tisch hatten sich vom

Regen ein paar Pfützen gebildet, aber das kümmerte Adlon nicht. Der Grashüpfer sprang einfach drüber weg, um so schnell wie möglich den gefangenen Käfer zu erreichen. Auch Margot flog über die Pfützen. Nur Alexa rannte mittendurch, sodass die Tropfen rechts und links zur Seite spritzten.

Karl saß mutlos auf dem Boden des Glases und hatte den Kopf in den Händen vergraben. Sein Oberkörper zuckte immer wieder, so als würde er weinen.

»Hallo, Karl, wir sind gekommen, um Sie zu retten«, rief Adlon.

»Und wir sollen Grüße von Wanda ausrichten«, rief Margot.

»Und von Ihrer Familie auch«, rief Alexa.

»Er kann uns nicht hören, weil das Glas zu dick ist. Deswegen konnte die Biene ja auch nicht mit ihm reden«, erklärte Adlon und trommelte mit seinen vier Fäusten gegen das Glas.

Kapitel 14

Die Zeit drängt

Der Marienkäfer schaute überrascht auf, dann wischte er sich die Tränen aus den Augen und stand auf.

»Hier oben ist nichts zu machen, da kommen wir nie rein«, rief Margot. »Und an Luftlöcher hat natürlich auch keiner gedacht.«

Die Fliege war hoch zum Deckel geflogen, aber der saß fest. Den würden die drei niemals aufkriegen.

»Was machen wir denn jetzt, Chef?«, fragte Alexa.

»Wir schieben das Glas über die Tischkante, dann fällt es runter, zerbricht, und Karl ist wieder frei«, antwortete Adlon.

Pantomimisch erklärten die drei Karl ihren Plan. Doch sosehr sie sich auch gegen das Glas stemmten, es bewegte sich kein Stück.

»Wir brauchen Verstärkung«, erklärte Adlon.

»Ich kann die Ameisen suchen gehen, denen wir vorhin begegnet sind«, schlug Alexa vor. »Die helfen uns bestimmt.«

»Nein, das dauert zu lange, die könnten mittlerweile schließlich überall sein.« Der Grashüpfer zeigte auf die Wiese, die von dort oben auf dem Tisch endlos aussah.

»Außerdem waren es zu wenige, wir benötigen mehr Unterstützung, viel mehr«, brummte Margot. »Nur die Kraft von hundert Käfern würde eventuell reichen, um das Glas zu bewegen. Aber wo sollen wir so schnell hundert Käfer hernehmen?«

»Aber wir haben doch hundert Käfer und mindestens noch mal so viele Wanzen!«, rief Adlon. »Warum ist mir das nicht früher eingefallen?!«

»Verstehe ich nicht«, sagte Alexa.

»Na, die Familien von Karl und Wanda sind doch alle noch im Hotel«, erklärte Margot. »Jetzt können sie beweisen, dass sie etwas gelernt haben und keine Unterschiede zwischen Käfern und Wanzen mehr kennen.«

»Einer müsste sie nur holen«, sagte Adlon und schaute die Fliege an.

»Was guckst du mich denn so an?«, fragte Margot.

»Du bist die Einzige von uns, die fliegen kann«, antwortete Adlon. »Sagt ja schon der Name: Fliege.«

»Aber ich bin schon ewig keine so lange Strecke mehr geflogen«, brummte Margot. »Ich weiß gar nicht, ob ich das schaffe.«

Und das stimmte: In ihrer Küche flog Margot höchstens mal von einem Herd zum anderen, wenn dort etwas anzubrennen drohte. Und auch auf dem Weg zum Haus der Riesen war sie die meiste Zeit lieber gelaufen.

»Du schaffst das, da bin ich ganz sicher«, sagte Adlon.

Margot zögerte, obwohl sie wusste, dass Adlon recht hatte. Auch wenn sie nicht besonders gut fliegen konnte, war sie immer noch schneller zurück im Hotel als der Grashüpfer oder die Ameise.

»Du bist der Boss.« Margot faltete ihre Flügel aus und erhob sich schwerfällig in die Höhe.

Adlon, Alexa und auch Karl schauten zu, wie sie über die Wiese davonbrummte. Die Köchin sah aus wie ein überladenes Transportflugzeug, dessen Pilotin zu viel Bier getrunken hatte. Sie flog Schlangenlinien, und ständig rauf und runter ging es auch, weil Margot immer wieder die Kraft verließ und sie gefährlich absackte.

»Meinten Sie das vorhin eigentlich ernst, Chef?«, fragte Alexa, als sie die dicke Fliege aus den Augen verloren hatten.

»Was?«, fragte Adlon zurück.

»Dass ich mal mein eigenes Hotel führen werde«, sagte Alexa.

»Klar, warum nicht?«, erwiderte Adlon abgelenkt.

Statt auf die Wiese schaute er jetzt zum Haus der Riesen hinüber. Er hatte Angst, dass einer von ihnen in den Garten kommen würde, um nach Karl zu schauen. Aber hinter den großen Fenstern war zum Glück niemand zu sehen.

»Ich habe auch schon einen Namen«, erklärte Alexa feierlich. »Ich werde es Adlon nennen, Chef. Nach Ihnen.«

»So nennt man doch kein Hotel«, widersprach der Grashüpfer. »Nenne es lieber *Zur schönen Aussicht* oder *Auf dem Ameisenhügel*. Das sind gute Namen für Hotels, aber doch nicht Adlon.«

»Ich werde es trotzdem so nennen, als Dank für die tolle Ausbildung …«

Alexa wurde von einem lauten Klopfen unterbrochen. Es war Karl, der gegen die Glaswand schlug und auf seinen Hals zeigte. Offenbar wurde die Luft in dem Glas langsam knapp. Adlon antwortete ihm pantomimisch, dass er sich besser ruhig auf den Boden setzen sollte, um Sauerstoff zu sparen. Dabei schaute der Grashüpfer immer wieder besorgt zum Haus der Riesen hinüber, weil hinterm Fenster jetzt zwei kleine Riesen aufgetaucht waren. Sie zogen sich Regensachen an, und Adlon war klar, dass sie schon sehr bald ihr Haus verlassen und nach draußen gehen würden.

Der Grashüpfer hielt Ausschau nach Margot, den Käfern und den Wanzen, aber es war Alexa, die sie zuerst auf der Wiese entdeckte.

»Da kommen sie, Chef! Da vorne!«, rief die kleine Ameise. »Und es sind unglaublich viele!«

»Hurra, jetzt sehe ich sie auch!«, brüllte Adlon erleichtert.

Kurz darauf drängten sich auch schon Hunderte von Wanzen und Käfern auf dem Tisch. Wanda lief sofort zu ihrem Karl, dem sie einen dicken Kuss auf die Glaswand hauchte. Aber es waren nicht nur Wandas und Karls Familien, die gekommen waren. Fast alle Gäste des Hotels *Zur Grünen Wiese* waren Margots Hilferuf gefolgt und warteten nun auf Anweisungen. Unter den vielen Insekten entdeckte Adlon auch Ignis mit ihren Glühwürmchen, den Mistkäfer, diesmal ohne seine Kugel, und die Schabe, die sich wieder Notizen in ihr Heft machte. Sogar die dicke

Hummel hatte es irgendwie geschafft, vom Hotel bis zum Haus der Riesen zu fliegen. Obwohl das bei ihrem Gewicht eigentlich völlig unmöglich war.

Es fehlten nur Lissy und ihre Bienen, aber die waren mit der Vorbereitung ihrer Abreise beschäftigt, und Madame Spinoza, die im Hotel die Stellung hielt und ihre Erkältung auskurierte.

Kapitel 15

Und alle auf drei

»Ich habe unterwegs zufällig auch die Ameisen getroffen und gleich mitgebracht«, keuchte Margot, die von ihrem langen Flug völlig erschöpft war.

»Wenn wir gebraucht werden, sind wir zur Stelle«, verkündete Bob und salutierte förmlich. Aber natürlich nicht vor Adlon, sondern vor Alexa, die er immer noch für die Chefin des Hotels *Zur Grünen Wiese* hielt.

»Vielen Dank, Bob, für Ihre Unterstützung. Aber ich gebe hier die Kommandos«, erklärte Adlon. »Alexa war so freundlich und hat mir die Leitung der Operation Marmeladenglas übertragen, nicht wahr, Alexa?«

Die kleine Ameise wurde wieder furchtbar rot und nickte heftig, um die Behauptung des Grashüpfers zu bestätigen.

»Und jetzt lasst uns anfangen.« Adlon deutete auf die Glastür, hinter der die kleinen Riesen gerade dabei waren, ihre Gummistiefel anzuziehen. »Wir dürfen keine Zeit mehr verlieren.«

Marienkäfer, Feuerwanzen und alle anderen liefen zu dem Marmeladenglas, ohne sich um die Pfützen auf dem Tisch zu kümmern. Genau wie Alexa patschten sie einfach mittendurch, um das Glas so schnell wie möglich zu erreichen. Wanda wartete dort bereits auf sie und versuchte, dem staunenden Karl pantomimisch zu erklären, warum sich ihre Familien plötzlich vertrugen.

»Hallo, Karl«, rief Adlon, der Wanda sanft zur Seite schob. »Ganz wichtig ist, dass Sie gleich kurz in die Luft flattern, wenn das Glas auf dem Boden aufschlägt und zerbricht. Damit Sie sich nicht wehtun.«

Aber der Marienkäfer verstand wegen der dicken Glaswand nicht, was er machen sollte. Das tat er erst, als Wanda und Adlon es ihm gemeinsam vormachten.

»Auf drei geht es los! Alle schieben gemeinsam«, rief der Grashüpfer. »Eins, zwei und ... drei!«

Die Wanzen, Käfer, Ameisen, die Schabe, die Hummel und Alexa stemmten sich mit aller Kraft gegen das Glas. Zuerst bewegte es sich nicht, dann aber doch. Erst nur ganz langsam, dann immer schneller glitt es über das Holz, weil die Regenpfützen den Tisch in eine Rutschbahn verwandelten.

»Nicht nachlassen! Weiter, weiter, weiter!«, trieb Adlon die Insekten an.

Die Tischkante war immer noch weit entfernt, und aus den Augenwinkeln sah der Grashüpfer, dass die kleinen Riesen schon nach der Türklinke griffen.

Das letzte Stück schoss das Marmeladenglas fast von allein über den Tisch, flog über die Kante und ...

Adlon und die anderen hatten keine Ahnung, was danach passierte, weil sie das Glas nicht mehr sehen konnten. Aber im nächsten Augenblick hörten sie bereits das Geräusch von zersplitterndem Glas. Wanda und Adlon waren die Ersten, die den Rand des Tisches erreichten und sich über die Kante beugten. Auf dem Boden lagen überall Glasscherben. Dazwischen hockte Karl und winkte den beiden glücklich zu.

Im selben Moment ging die Tür auf, und die beiden kleinen Riesen liefen in ihren Regensachen lachend ins Freie, aber nur kurz, dann brüllten beide: »Mama! Papa! Hier draußen sind mindestens eine Million ekliger Tierchen auf unserem Gartentisch!«

So schnell sie konnten, verschwanden die Käfer, Wanzen und alle anderen Insekten von der Tischplatte. Sie hüpften, krabbelten und flogen zu Karl, der immer noch nach Luft rang, und nahmen ihn gemeinsam mit Wanda auf ihre Schultern. Genauso wie Adlon und Margot, die unter lauten »Hurra!«-Rufen zurück zum Hotel getragen wurden. Nur Bob und seine Ameisen ließen Alexa hochleben, da konnte die Arme sich noch so sehr wehren und rufen: »Aber ich habe doch gar nichts getan! Das war doch alles Adlons Idee!«

Als der fröhliche Festzug zurück ins Hotel kam, hatte es aufgehört zu regnen. Die Bienen hatten sich auf der Terrasse versammelt. Sie waren längst startklar, aber die Prinzessin hatte immer wieder Ausreden erfunden, warum sie und ihr Hofstaat noch nicht losfliegen konnten. Sie wollte unbedingt Adlons Rückkehr abwarten, um sich von ihm verabschieden zu können.

»Da bist du ja endlich!«, rief Lissy glücklich, als der Grashüpfer und die anderen vor dem Hotel auftauchten. »Ich habe nämlich noch ein Geschenk für dich und für Madame Spinoza auch.«

Lissy gab ihrer Obersten Dienerin einen Wink und die reichte der Prinzessin zwei Kästen. Die Prinzessin drückte je einen davon feierlich dem Grashüpfer und der Spinne in die Hände. Als sie die Kästen öffneten, lagen darin zwei Orden.

»Ihr wisst schon, wofür die sind.« Lissy gab Adlon einen Kuss auf die Wange und flüsterte ihm »Danke« ins Ohr.

»Es ist jetzt auch allerhöchste Zeit, Prinzessin«, drängte ihre Oberste Dienerin. »Sonst kommen wir zu spät zum Staatsbesuch auf der anderen Seite des Flusses.«

Lissy verabschiedete sich und flog mit ihrem Gefolge davon. Adlon sah ihr lange nach, und deswegen bemerkte er nicht, dass auch Wanda und Karl gekommen waren, um sich bei ihm zu bedanken. Das Paar wollte seine Hochzeitsreise fortsetzen und diesmal hatten sie den Segen all ihrer Verwandten. Zusammen mit den beiden verschwanden auch die Marienkäfer und Feuerwanzen.

Plötzlich war es ganz leer im Hotel. Die Ameisen hatten ihre Patrouille wieder aufgenommen, die dicke Hummel war mit Margot in der Küche verschwunden, Ignis und die Glühwürmchen bereiteten sich für ihre Nachtschicht vor, Madame Spinoza ging auf ihr Zimmer, um den Orden neben ihren Bildern an die Wand zu hängen, und Alexa hatte bereits damit begonnen, die verlassenen Zimmer wieder für neue Gäste herzurichten.

Der Grashüpfer schaute sich in der Empfangshalle um, in der es so trubelig gewesen war. Jetzt waren dort nur noch der Mistkäfer mit seiner Kugel und die Schabe, die sich schon wieder Notizen machte.

»Ich wollte sie gerade nach draußen bringen«, erklärte der Käfer ertappt. »Echt wahr!«

»Brauchen Sie nicht, die kann ruhig bei Ihnen bleiben«, sagte Adlon großzügig und reichte dem Käfer den Orden. »Sie haben uns drei Mal geholfen, nehmen sie den als Entschuldigung dafür, dass ich so schlecht über Sie gedacht habe.«

»Den kann ich nicht annehmen«, rief der Mistkäfer überrascht.

»Doch, können Sie«, sagte Adlon. »Ich brauche ihn nicht, um mich an die Prinzessin zu erinnern. Ich werde sie auch so nie vergessen.«

»Danke«, sagte der Mistkäfer gerührt. »Dann bring ich meine Kugel mal wieder rauf, ich reise nämlich erst morgen ab.«

»Weiß ich doch«, bemerkte Adlon und klopfte auf sein großes Buch, in dem er alle Reservierungen und Übernachtungen notiert hatte.

»Ähem!«, räusperte sich die Schabe, als der Käfer seine Kugel die Treppe hinaufschleppte.

»Was kann ich für Sie tun?«, fragte Adlon höflich. »Und was schreiben Sie eigentlich die ganze Zeit in Ihr kleines Heft?«

»Genau deswegen wollte ich mit Ihnen reden«, antwortete die Schabe. »Ich bin Hotelkritiker und habe alles notiert, was hier seit gestern passiert ist.«

»Oh nein!« Adlon wurde ganz blass, weil er daran dachte, wie chaotisch es im Hotel *Zur Grünen Wiese* in dieser Zeit zugegangen war. »Wird es sehr schlimm?«

»Lassen Sie sich überraschen. Mein Artikel erscheint morgen in der Wiesen-Post. Leben Sie wohl.«

Die Schabe verließ das Hotel, ohne sich noch einmal umzuschauen. Adlon ließ sich auf den Stuhl hinter seinem Empfangstresen sinken und legte den Kopf auf seine Arme. Er war völlig übermüdet und jetzt drohte auch noch ein Verriss in der beliebtesten Tageszeitung diesseits und jenseits des Flusses.

In der Küche hörte er Margot und die Hummel lachen, und auf der Treppe polterte Alexa, die aufgeregt brüllte: »Die Raupe in Zimmer 17 hat endlich die Tür aufgemacht!«

»Und?« Adlon hob erschöpft seinen Kopf.

»Sie ist keine Raupe mehr, sondern ein Schmetterling! Und was für einer, Chef.«

Hinter der kleinen Ameise schritt ein Zitronenfalter die Stufen hinunter, als wäre es eine Showtreppe. Der Schmetterling war so wunderschön, dass Adlon gar nicht wegsehen konnte. Sein Anblick verscheuchte auf einen Schlag alle Sorgen, die der Grashüpfer hatte.

Aber für die hätte er sowieso keine Zeit gehabt, weil im selben Augenblick schon wieder neue Gäste im Hotel *Zur Grünen Wiese* eintrafen, um die Adlon sich kümmern musste. Denn das war ja das Gute an seinem Beruf. Wenn er auch selbst nicht in die Welt hinauszog, so kam die Welt wenigstens zu ihm.

Gestern, heute, morgen und an jedem anderen Tag des Jahres auch.

WIESEN POST

Hotel mit Herz

Eine Kritik von Michel Inn

Am Anfang war ich nicht sonderlich begeistert, das gebe ich gerne zu. Auch weil es im Hotel »Zur Grünen Wiese« keinen Aufzug gibt. Aber dann hat es mich doch überzeugt. Mag die Hotelleitung auf den ersten Blick etwas chaotisch erscheinen, so kann sie diesen Eindruck mit viel Engagement wieder wettmachen. Hoteldirektor Adlon riskiert sein Leben für seine Gäste und hat ein Herz für abergläubische Besucher, junge Paare, netzspinnende Dauergäste und auch für welche mit streng riechendem Gepäck.

Kein Wunder, dass im Hotel »Zur Grünen Wiese« mittlerweile auch königliche Hoheiten absteigen. Das liegt sicher auch an dem großartigen Service des gesamten Teams, das seinen Gästen jeden Wunsch erfüllt. Ich jedenfalls habe lange nicht einen so guten Salat gegessen wie dort, und der Honigkuchen soll ganz ausgezeichnet sein, hat mir eine Prinzessin geflüstert. Man sollte nur nicht zu viel davon essen, da die Türen im Hotel etwas schmal geraten sind. Aber auch in solchen Fällen weiß Hoteldirektor Adlon, was zu tun ist. Von mir eine klare Reiseempfehlung für das Hotel »Zur Grünen Wiese«.

Detaillierte Bewertung:
Aufzug: 1 von 6
Küche: 6 von 6
Service: 6 von 6
Hotelleitung: 6 von 6

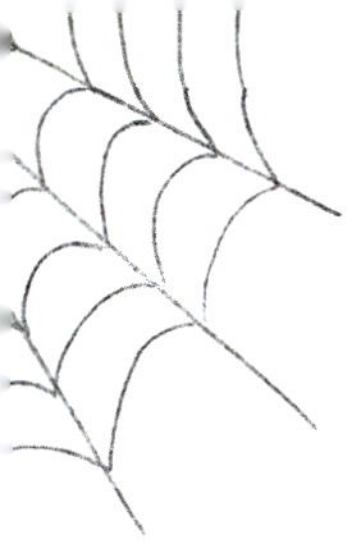

© Bob Heinemann

Autor

Rüdiger Bertram wurde 1967 in Ratingen geboren und arbeitete nach seinem Studium (Geschichte, Volkswirtschaft und Germanistik) zunächst als freier Journalist. Heute schreibt er Drehbücher und hat zahlreiche erfolgreiche Bücher für Kinder veröffentlicht. Mit seiner Frau und seinen beiden Kindern lebt er in Köln.

© Christiane Fürtges

Illustratorin

Christiane Fürtges wurde in Mülheim an der Ruhr geboren. Sie studierte an der Folkwangschule in Essen Kommunikationsdesign mit dem Schwerpunkt Illustration und freie Zeichnung. Seit ihrem Diplom 2003 arbeitet sie als freie Illustratorin.

Bei diesem Buch wurden die durch das verwendete Material und die Produktion entstandenen CO_2-Emissionen ausgeglichen, indem der cbj Verlag ein Projekt zur Aufforstung in Brasilien unterstützt.
Weitere Informationen zu dem Projekt unter:
www.ClimatePartner.com/14044-1912-1001

FSC
www.fsc.org
MIX
Papier | Fördert gute Waldnutzung
FSC® C010328

Penguin Random House
Verlagsgruppe FSC® N001967

Wir produzieren
Klimaneutral
ClimatePartner.com/14044-1912-1001
Druckprodukt

1. Auflage 2023

Illustrationen: Christiane Fürtges
Umschlaggestaltung: Christiane Fürtges und Sebastian Maiwind
aw · Herstellung: aj
Satz: Uhl + Massopust, Aalen
Reproduktion: Lorenz & Zeller, Inning a. A.
Druck: Alföldi Nyomda Zrt., Debrecen
ISBN 978-3-570-17991-8
Printed in Hungary

www.cbj-verlag.de

Entdecken Sie unsere Vorlesewelten!

Liebe Eltern, liebe Vorlesende,

wir freuen uns, dass dieses Vorlesebuch zu Ihnen gefunden hat, und wünschen Ihnen und Ihren Kindern eine wunderbare gemeinsame Geschichtenzeit!

Vorlesen macht stark!

Das gemeinsame Eintauchen in die Geschichten fördert Fantasie und Mitgefühl und vermittelt Kindern Sicherheit und Geborgenheit. Immer!

Vorlesen macht schlau!

Vorlesegeschichten stecken voller Wissen, machen neugierig – und beim Zuhören erweitern die Kinder ganz nebenbei auch ihren Wortschatz. Vorlesen ist der erste Schritt zum Lesenlernen.

Vorlesen ist einfach!

Ganz gleich, ob Sie gerade viel Zeit haben oder wenig, lesen Sie in Ihrem Rhythmus und wie Sie es möchten. Ob Sie das Vorlesen inszenieren wollen oder einfach den Text vorlesen – allein das gemeinsame Erlebnis zählt, beim Lesen, aber auch beim Betrachten der dazugehörigen Bilder.

Vorlesen macht Spaß!

Ob zu festen Zeiten oder zwischendurch im Alltag: Unsere Geschichtenwelten warten auf Sie – und auf die Kinder!

Viele weitere Tipps zum Vorlesen finden Sie auf www.stiftunglesen.de und www.cbj-verlag.de

Gemeinsam fürs Vorlesen!

8548